Die Welt des COGNACs

Jörg Zipprick

»Die Zeit heilt alle Wunden. Aus Napoleon ist ja mittlerweile auch ein Cognac geworden.«

ALFRED BIOLEK

INHALT

I.	*Die neue Lust auf Cognac*	8
II.	*Die Geschichte des Cognacs*	14
III.	*Wo der Cognac wächst*	28
	Daten und Fakten	30
	Die Lagen	31
IV.	*Die Reben der Charente*	36
	Ugni Blanc	38
	Folle Blanche	39
	Colombard	40
V.	*Die Destillation des Cognacs*	44
VI.	*Die Cognacqualitäten*	54
VII.	*Der Umgang mit Cognac*	62
	Einkauf und Preis	64
	Lagerung zu Hause	67
	Gläser	68
	Degustation	71
VIII.	*Renaissance durch Rap*	76
IX.	*Die Hersteller*	86
	Bekannte und große Marken	88
	Ein Streifzug durch die Cognacregion	97
X.	*Große Geister – der Cognac und seine Konkurrenten*	128
	Armagnac	130
	Grappa	130
	Spanischer Brandy	131
	Whisky	132
	Edelobstbrände	132
	Wodka	133
	Rum	134

XI.	**Cognac in der Bar**	*138*
	Alba, Alexander, Arago, Banana Biss	140
	Between the Sheets, Beverly Hills, Bomber, Bora Bora	141
	Brandy Daisy, Baltimore Egg Nogg, Café Brûlot	142
	Champagne Cocktail, Champagne Pick-me-up, Cognac Horse's Neck, Corpse Reviver	143
	Devil's Milk, French Sherbet, French Green Dragon, Japanese Cocktail	144
	Mint-Julep au Cognac, Olympic	145
	Pousse Café	146
	Prince Charles, Rolls Royce, Side Car, Sour	148
XII.	**Kochen mit Cognac**	*152*
	Das Flambieren	154
	Saucen	154
	Cocktailsauce	154
	Hummersauce	155
	Sauce Périgueux	156
	Spiegelei mit Sauce Périgueux	156
	Suppe	157
	Schlanke Trüffelsuppe	157
	Krustentiere	158
	Hummer à l'américaine	158
	Soufflé von Flusskrebsen mit Sauce Mousseline	159
	Fleisch	160
	Bresse-Huhn in der Schweinsblase mit Sauce Albuféra und Gemüse	160
	Coq au vin	161
	Bœuf Bourguignon	162
	Schweinefilet mit Sauerkraut	163
	Dessert	164
	Cognacsoufflé	164
XIII.	*Orte für den perfekten Cognacgenuss*	*168*
	Register	174

Die Wahrheit über »Cognac«

Schon im frühen Mittelalter wußte man, daß sich durch das Brennen von Wein ein hochprozentiges alkoholisches Getränk erzeugen läßt. Aber Jahrhunderte sollte es noch dauern, bis man genügend Erfahrung in der Destillationskunst und in der Auswahl der geeigneten Weine gesammelt hatte, um den ersten wahren Cognac mit seinen unnachahmlichen Qualitätsvorzügen gewinnen zu können. Durch diese Vorzüge hat sich echter französischer Cognac die Gunst der Kennerschaft in aller Welt errungen.

Das magische Wort »Cognac« ist nicht nur ein Qualitätsbegriff von weltweiter Geltung, sondern zugleich eine gesetzlich geschützte Herkunftsbezeichnung, die auch den deutschen Verbraucher vor jeder Irreführung bewahrt: Nur solche Produkte dürfen auf dem Flaschenetikett als Cognac bezeichnet werden, die durch kunstgerechte, am Ort der Lese erfolgte Destillation von Weinen ganz bestimmter, geographisch begrenzter Anbaugebiete im Herzen Frankreichs gewonnen worden sind. Die Produktion von Cognac wird überwacht durch die französische Staatsverwaltung, deren Kontroll-Urkunde erst das Recht verleiht, ein Erzeugnis als »Cognac« zu bezeichnen.

Selbstverständlich gibt es aber auch Qualitätsunterschiede innerhalb der großen Familie der Cognacs. Die Regel für ihre Bewertung lautet: Je wertvoller und je länger und sorgfältiger ihre milder und genußreicher ist ein bestimmte von Anbeginn die Arbe Nicht der größte Umsatz, sondern damals wie heute das Ziel. So ha Generationen unter strenger, bedach Lager der Welt an alten Cognac-Bra unermeßlich kostbaren Bestand (de Auslese wertvoller Brände ergänz Hennessy seine gleichbleibend hohe

NB: Den Vereinbarungen der EW der echte Cognac Hennessy jetzt a viel günstigeren Preis erhältlich is und Liebhaber edler Genüsse dur des Geldbeutels, den echten Cogna so entscheidet in unseren Tagen nu Wunsch nach dem Echten.

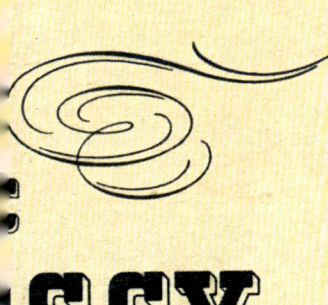

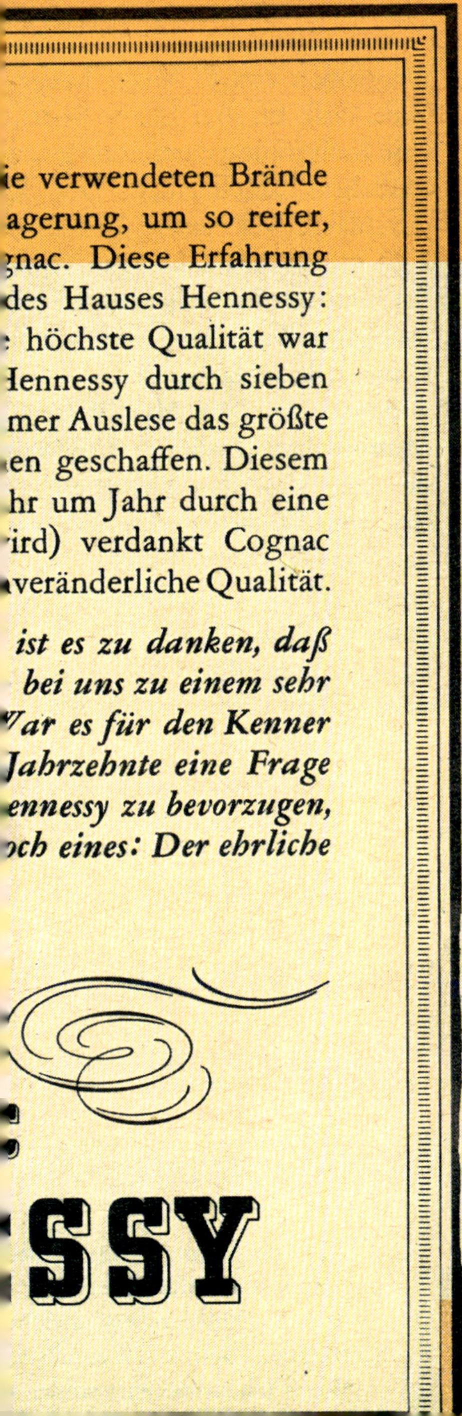
ie verwendeten Brände
agerung, um so reifer,
gnac. Diese Erfahrung
des Hauses Hennessy:
: höchste Qualität war
Iennessy durch sieben
mer Auslese das größte
en geschaffen. Diesem
hr um Jahr durch eine
ird) verdankt Cognac
veränderliche Qualität.

ist es zu danken, daß
bei uns zu einem sehr
Var es für den Kenner
Jahrzehnte eine Frage
ennessy zu bevorzugen,
och eines: Der ehrliche

SSY

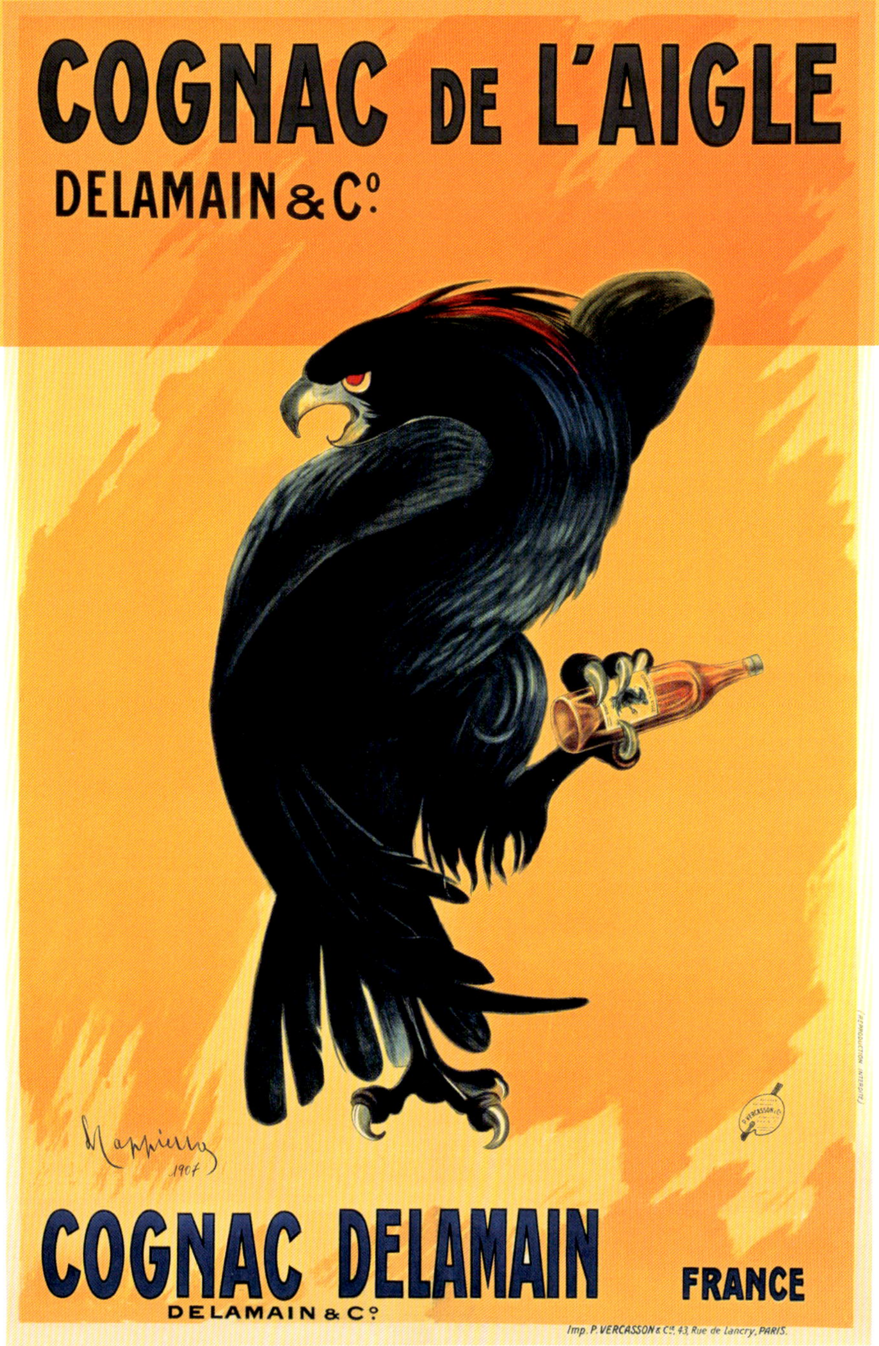

DIE NEUE LUST AUF COGNAC

Es riecht nach einem Hexenkessel: Ein scharfer, brennender Duft kriecht in die Nase, fast scheint Nebel über den zwei kupfernen Destillierkolben hochzuziehen, die in einer Art großer Scheune untergebracht sind. Unten, am Fuß des Behälters, läuft eine klare Brühe aus. »Das ist das cœur, das Herz«, sagt Annie Ragnaud mit deutlichem Stolz in der Stimme. Die fragile, aber dabei energisch wirkende Dame mit dunkelblonden Haaren ist die Besitzerin der Cognacbrennerei Ragnaud-Sabourin in Ambleville, nahe der Stadt Cognac.

Ein Jahresumsatz von immerhin rund 700.000 Euro wird in der äußerlich so unscheinbaren Destille derzeit erwirtschaftet. Wie die meisten Cognacproduzenten der gleichnamigen Region profitiert auch Annie Ragnaud vom Revival des Cognacs. Dieses begann im Jahr 2001 – mit einem Rap. Denn Cognac hatte damals ein völlig verstaubtes Image, galt als Drink von gestern, den grau melierte Gutsherren vor dem Kamin im Schwenker von links nach rechts bewegten. Doch dann schossen die beiden US-Rapper P. Diddy und Busta Rhymes mit ihrem Courvoisier-Rap in die Charts und die Cognacumsätze zogen sprunghaft an. »Give me the Henny, you can give me the Cris, you can pass me the Remi, but pass the Courvoisier …«

Die Hitsingle »Pass the Courvoisier« war erst der Anfang, seitdem hat es mehr als 100 Cognacraps gegeben. Mit erstaunlichen Folgen: 2007 wurden weltweit jede Sekunde fünf Flaschen Cognac verkauft, insgesamt 160 Millionen Bouteillen, 9,3 Prozent mehr als im Vorjahr. In Asien nahm der Cognackonsum gar um 16,4 Prozent zu. Im »40/40«, dem New Yorker Club des Rappers Jay-Z, trinkt man den Brand im hauseigenen »Remy-Room«, einige Rapper mischen ihn angeblich mit Energydrinks.

Anfangs rümpfte man bei den Herstellern in Frankreich die Nase; man unternehme nichts, um die neue Zielgruppe zu pflegen, hieß es. Die teils recht deftigen Texte wurden anfangs verachtet, heute gehören sie zum guten Ton in der Cognacwelt. Cognacmarken wie Hennessy unterstützen Rapkonzerte. Jennifer Szernovicz von Cognac Courvoisier lobte die Rapper als »opinion leader im jungen, urbanen Milieu«. Larry Neuringer von Rémy Cointreau erklärt stolz, dass »sein« Cognac schon in Videos von Ja Rule und Eminem auftauchte.

Die Spezialisten sind sich einig: Cognac passt zum Rapmilieu wie der Cadillac, denn mit keinem anderen Drink ist es so einfach Wohlstand zur Schau zu stellen: Der Louis-XIII.-

Black-Pearl-Cognac von Rémy Martin etwa wurde dieses Jahr in Tokio für 24.000 Euro gehandelt.

Und dennoch muss man für guten Cognac kein Vermögen ausgeben: Liebhabern geht es zuerst um den Genuss und der lebt von der Zubereitung. »Die Grundlage jedes Cognacs ist die Double-Destillation«, erklärt Annie Ragnaud. Darin unterscheidet sich die Cognacfabrikation von allen anderen Bränden: Gleich zweimal wird der Cognac erhitzt.

Wie dann der Rachenputzer zum Edelbrand wird, dafür hat jeder Hersteller sein eigenes Rezept. Das magische Geheimnis ist die Mischung verschiedener Jahrgänge und Ursprungsgebiete durch einen kundigen Kellermeister.

Zwar gibt es auch einzelne besonders gute Jahrgangscognacs, aber das ist die rare Ausnahme, etwa bei A. E. Dor. In dem vor 150 Jahren gegründeten Haus lagern die Brände teilweise über 70 Jahre in den Fässern und wandern dann in die traditionellen Glasbehälter. Zu den absoluten Spitzenprodukten gehören Jahrgangscognacs aus dem 19. Jahrhundert wie der Napoléon III. Empéreur (Kaiser Napoleon III.) von 1858, dem Jahr der Gründung des Hauses. Wie gesagt, eine Ausnahme, Cognac wird ansonsten fast immer verschnitten.

Große Hersteller wie Rémy Martin oder Hennessy kaufen ebenfalls bei Zulieferern an, bei zuverlässigen, kleinen Winzern. Die Aufgabe liegt dann in den Kellermeistern der berühmten Cognacerzeuger. Jeden Tag verkosten sie Cognacs, die ihnen angeboten werden. Bei Rémy kosten gut 15 Personen mit. »Einige verfügen über langjährige Erfahrung, gleichzeitig bilden wir immer ein paar Neulinge aus«, erklärt Kellermeisterin Pierrette Trichet. Den Vergleichsmaßstab bilden bis zu 120 Jahre alte Cognacs, die im Hause gelagert werden.

Denn eben das ist die Krux: Ein bekannter Markencognac muss jedes Jahr gleich schmecken, auch wenn das Rohmaterial höchst unterschiedlich ausfällt. »Das Kunststück gelingt nur dank exzellentem Verschnitt«, sagt Trichet.

Wer keinen Designerflacon möchte, sondern nur einen erstklassigen Brand, wird bei kleinen Winzern ebenso schnell fündig wie in manch großem Haus. Ein Louis XIII. (Rémy) ist derzeit für etwa 1.200 Euro zu haben. Geprüfte, garantiert alte Cognacs von Grosperrin werden in Deutschland für 200 bis 400 Euro angeboten. Premiumerzeugnisse von E. A. Dor wie die Vieille Réserve N° 10 aus über 50-jährigen Cognacs werden für einen Tausender gehandelt.

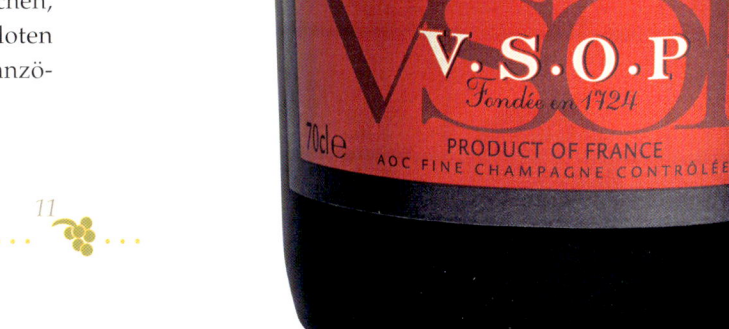

Stolze Preise? Auch – aber nicht nur. Guter Cognac muss nicht immer das Portemonnaie leeren.

Letztendlich gibt es in der Region Charente viel mehr zu entdecken, als man es sich vor dem heimischen Supermarktregal vorstellen kann. Manche Cognacs sind Resultate alter Destillierkunst. Andere werden durch geniales Marketing auf Erfolg getrimmt. Einige Premiumcognacs sowie manchen guten, ehrlichen Hersteller haben wir in diesem Buch vorgestellt. Sicher kennen sie Hine und Hennessy, Camus und Courvoisier. Aber kennen Sie auch Kelt, Merlin, Lefoulon, Frapin und Fillioux? Trotz bester Vorsätze konnten wir dabei nicht alle empfehlenswerten Cognacs ausfindig machen: Es gibt viele tausend kleine Hersteller und Erzeuger. Einige liefern konstante Qualität, andere haben nur ein paar hervorragende Fässer im Keller. So kann man auch heute noch bei manch kleinen Destillen verblüffende Entdeckungen machen.

Dazu gibt es Cognacrezepte aus den französischen Küchen, traditionelle Cocktails sowie Geschichten und Anekdoten aus der Region. Dabei wünschen wir – ganz nach französischem Vorbild – »bonne lecture«.

DIE GESCHICHTE DES COGNACS

Ausgerechnet der Fiskus verhalf dem Dörfchen Cognac zum Aufstieg: Weil leere Staatskassen kein Phänomen der Neuzeit sind, belegten die Landesfürsten der französischen Region Saintonge im 17. Jahrhundert jeden verkauften Liter Wein mit kräftigen Abgaben. Die meist britischen Kunden rümpften über die dreisten Preise die Nase und stornierten ihre Order. Die betroffenen Bauern jedoch protestierten nicht etwa vor dem Regierungssitz – wie die üppigen Abgaben vermuten ließen –, sondern sie versuchten ihren unverkäuflichen Rebensaft anderweitig loszuschlagen. Einige verwandelten ihren Wein in Essig, andere brannten ihn und lagerten ihn so lange in Eichenfässern ein, bis er zu einem braunen Eau de Vie wurde. Das Feuerwasser entwickelte sich binnen weniger Jahrzehnte zum echten Verkaufsschlager, die Flaschen wurden bis nach Kanada, Louisiana und Santa Domingo exportiert. Irgendwann bürgerte sich der Name »Cognac« für das neue Eau de vie ein … Und das ist seine Geschichte:

3. JAHRHUNDERT

Der römische Kaiser Probus räumt den Galliern das Recht ein, Weinberge zu besitzen und Wein zu erzeugen. Gut 200 Jahre zuvor hatte Kaiser Domitian Weinbau in Gallien verboten.

12. JAHRHUNDERT

Wilhelm X., Herzog von Guyenne und Graf von Poitiers, lässt in der Provinz Poitou ein Weinbaugebiet anlegen.

13. JAHRHUNDERT

Händler aus Holland handeln mit Salz der Region. An Bord landen auch die Weine des Poitou. Besonders bei Kunden in den Küstenstädten des Nordens ist der Rebensaft beliebt.

14. JAHRHUNDERT

1204 | *Händler aus La Rochelle laufen englische Häfen mit ihren Weinen an.*

1270 | *In Hamburg werden Salz und Wein aus der Region Saintonge gehandelt.*

1270 | *Die Familie Frapin lässt sich in der Region Charente nieder.*

1337 | *Mit dem Beginn des 100-jährigen Krieges zwischen England und Frankreich werden auch stille Weine aus der Saintonge, der Region um Cognac, nach Großbritannien exportiert.*

15. JAHRHUNDERT

16. JAHRHUNDERT

Holländische Händler laden Weine der Lagen »Champagne« und »Borderies« in ihre Schiffe. Die leichten Weine leiden unter den langen Transportwegen. Die Holländer beginnen, ihn zu destillieren. »Brandwijn« heißt der gebrannte Wein. Allerdings ging es den Händlern wirklich nur um Transportfragen: Zum Genuss sollte der Brandwijn wieder mit Wasser aufgeschüttet werden.

1411 | In der nahen Region Armagnac werden erste Brände hergestellt. Sie werden von den Bauern der Region getrunken.

12. 9. 1494 | Franz I., späterer König Frankreichs, wird in Cognac geboren. Jahre später wird er der Stadt das Privileg verleihen, mit Salz zu handeln und dafür lokale Flüsse zu nutzen.

1500 | Der Elsässer Hieronymus Brunschwig veröffentlicht das »Liber de arte destillandi – Das Buch der rechten Kunst zu destillieren« in Straßburg. Auch wenn sich dieses Werk medizinisch-pharmokologischen Aspekten der Destillation widmet, behandelt es die damals in Frankreich gebräuchlichen Destilliertechniken.

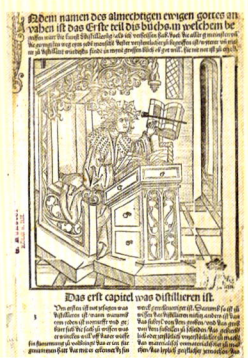

1548 | Bauern und Adlige der Region rebellieren gegen die Salzsteuer. Steuereintreiber werden mit Hämmern und Stöcken an Ort und Stelle totgeschlagen.

1549 | Urkundliche Eintragung eines Brandes in Cognac: Der Historiker André Castelot berichtet von einem Kaufmann aus La Rochelle, der vier Fässer guten Cognac anbot.

1559 | Die Weinberge der Provinz Aunis bringen inzwischen eine solche Menge Wein hervor, dass es – auch aufgrund nachlassender Qualität – zu Absatzschwierigkeiten kommt. Wegen ihres geringen Alkoholgehalts leiden diese Weine auch unter den langen Seetransporten.

Zu dieser Zeit verwenden die holländischen Händler den Wein bereits als Rohstoff in ihren neuen Brennereien. Aus dem Wort »Brandwijn« ergibt sich später die Betitelung »Brandy«.

17. JAHRHUNDERT

Weinhändler experimentieren mit der doppelten Destillation. Der Branntwein wird nochmals destilliert. Grund für die doppelte Destillation waren ursprünglich die geringeren Transportkosten: Das Destillat verliert viel an Volumen und nimmt dadurch auf den Schiffen weit weniger Platz ein.

Schon jetzt lagern die Cognacs in Eichenholzfässern – und den Händlern fällt auf, dass sich der Geschmack durch die Lagerung verbessert.

Die Legende: In der lokalen Folklore wird die Entdeckung des Cognacs einem Ritter (Chevalier) vom braunen Kreuz zugeschrieben. Er lebte im 17. Jahrhundert in der Umgebung von Ségonzac und kam auf die Idee, seine Weine zu destillieren: »Die Weine kochend habe ich ihre Seele entdeckt.«

1571 | *Zweite urkundliche Erwähnung eines Eau de vie in der Cognacregion: Die »Witwe von Jehan Serazin, Händler und Macher von Bränden« ist mit einem Verkauf vermerkt.*

1624 | *Die beiden Holländer Van Der Boogwert und Loo Dewijck gründen eine Destillerie in Tonnay.*

1636 | *Erneute Revolte gegen Weinsteuern. Letztere haben den Rebensaft so verteuert, dass er kaum noch Abnehmer findet. Die Winzer beschweren sich lautstark, dass ihnen als einziger Ausweg das Brennen des Weines oder seine Umwandlung in Essig bleibt. Das Brennen des Weines wird keinesfalls als Verbesserung angesehen. Im Gegenteil, es beraubt die Bauern des Feuerholzes, das sie für den Winter gesammelt haben.*

1638 | *Der Brite Lewes Roberts erwähnt einen »kleinen Wein namens Rotchell oder Cogniacke«.*

1643 | *Philippe Augier gründet Cognac Augier. 15 Jahre später wird die Gesellschaft zu Augier Frères.*

1678 | *»Cogniack Brandy« wird in der London Gazette erwähnt.*

1696 | *Louis XIV. verleiht der Familie Frapin Wappenrechte. Anne Catherine Frapin war »apothicaire« am königlichen Hof – eine Art Leibarzt.*

18. JAHRHUNDERT

Handelshäuser werden von Kaufleuten gegründet. Diese »Kontore« kaufen Brände an, um sie an Käufer in Holland, Nordeuropa oder Großbritannien zu verkaufen.

1709 | *Ein eiskalter Winter vernichtet die Weinberge der Provinz Saintonge.*

1710 | *Die für den Cognac charakteristische doppelte Destillation wird von einem Apotheker aus La Rochelle erfunden – das behauptet zumindest der Historiker Claude Masse.*

1712 | *Die wirtschaftliche Situation der Brenner hat sich in den vergangenen 70 Jahren radikal verändert. Jetzt heißt es, dass »jeder wohlhabende Bauer seinen Wein brennt, von dem die Händler große Mengen absetzen. Der Wein ist besser als Eau de vie zum Trinken«.*

1715 | *Jean Martell gründet Cognac Martell. Seine Familie stammte von der Kanalinsel Jersey.*

1724 | *Paul-Emile Rémy Martin und sein Schwiegervater Jean Geay gründen Cognac Rémy Martin.*

1725 | *Ein gewisser Isaac Ranson eröffnet eine Handelsgesellschaft in Cognac, die Ware nach Irland und Holland verschifft.*

1726 | *»Der Cognac ist der beste Brandwein der Welt«, sagt der Historiker Gervais.*

5.6.1731 | *Ein Edikt von Ludwig XV. verbietet es, ohne vorherige Erlaubnis Weinreben zu pflanzen.*

1742 | *Der Exporterfolg des Cognacs ist urkundlich vermerkt: »… man transportiert ihn nach Flandern, in den Norden, nach Kanada.« In Friedenszeiten werden 18.000 bis 20.000 Stücker (eine historische Fassgröße) aus La Rochelle ausgeführt, für die man 220.000 bis 240.000 Barriques Wein brennen muss.*

1762 | *James Delamain wird Partner von Ransom & Delamain in Jarnac.*

1765 | *James Hennessy, ein ehemaliger Offizier in Diensten Ludwig XV., gründet Cognac Hennessy.*

1779 | *Im Stadtzentrum von Cognac gibt es bereits zehn Handelshäuser. Darunter befinden sich auch noch heute prominente Namen wie Augier, Hennessy, Martell und Rémy Martin.*

1783 | *Das staatliche Bureau des Formes überwacht den Cognachandel. Die Idee, den Cognac in Fässern aus Holz der nahen Eichenwälder des Limousin lagern zu lassen, kommt auf und setzt sich schnell durch.*

1794 | *Hennessy exportiert bis nach New Jork.*

1795 | *Heirat von James Hennessy mit Marthe Martell.*

Baron Jean-Baptiste Antoine Otard und Jean Dupuy gründen Cognac Otard.

1797 | *Hochzeit von Thomas Hine und Elisabeth Delamain*

19. JAHRHUNDERT

Der Brand wird nicht mehr in Fässern sondern in Flaschen verkauft. Eine ganze Zulieferindustrie entwickelt sich. Korken und Kisten werden ebenso benötigt wie später Etiketten. Ende des Jahrhunderts verwüstet die Reblauskatastrophe die Weinberge. Die Rebfläche geht von 280.000 Hektar auf 40.000 Hektar zurück.

1817 | *Die Bezeichnungen V.O.P. (Very old pale) und V.S.O.P. (very superior old pale) tauchen auf Cognacs auf.*

Cognac Thomas Hine & Co. wird gegründet.

1819 | *Cognac Bisquit wird von Alexandre Bisquit gegründet.*

1824 | *Henri Delamain und sein Cousin Paul Roullet gründen Cognac Roullet & Delamain in Jarnac.*

1833 | *König Louis Philippe erhält sein erstes Fass Pineau de Charentes.*

1835 | *Felix Courvoisier und Louis Gallois gründen Cognac Courvoisier in Jarnac.*

1848 | *Der Schriftsteller Alfred de Vigny unterhält eine Cognacdestille: »Ich habe eine Destillerie von Eau de vie aufgebaut und perfektioniert, da meine Trauben den reinsten Cognac hervorbringen … Sie können mir schreiben, an Alfred de Vigny, Winzer.«*

1849 | *Martell versieht seine Cognacflaschen erstmals mit Etiketten.*

1850 | *Cognac wird bis nach Australien verschifft.*

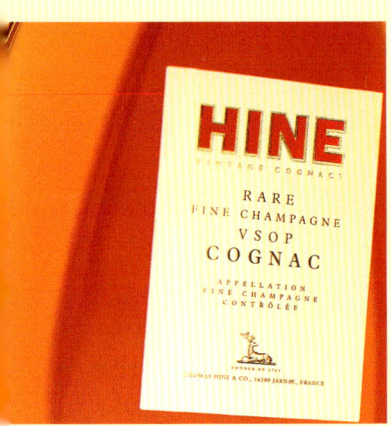

1854 | *Die Karten der Weinbauregion Cognac zeigen vier Lagen: Grande Champagne, Petite Champagne, Premier Bois und Deuxième Bois.*

1855 | *Hennessy lässt Flaschen vom Unternehmen Poilly Brigode in Folembray produzieren.*

1856 | *Hennessy beginnt, seine Flaschen zu etikettieren.*

1857 | *Neue Gesetze erlauben die Registrierung von Handelsnamen.*

1858 | *Cognac A. E. Dor wird in Jarnac gegründet.*

1861 | *Martell verschifft seine Cognacs bis nach China.*

1863 | *Cognac Camus wird von Jean-Baptiste Camus gegründet.*

1864 | *Hennessy lässt seinen Namen und ein Logo registrieren. Es zeigt eine Axt in einer Hand.*

1865 | *Auguste Hennessy verleiht seinen Cognacs Sterne.*

1870 | *Die Karten der Weinbauregion Cognac verzeichnen jetzt auch die Lagen Fins Bois und Bons Bois.*

Cognac wird bis nach Bombay exportiert.

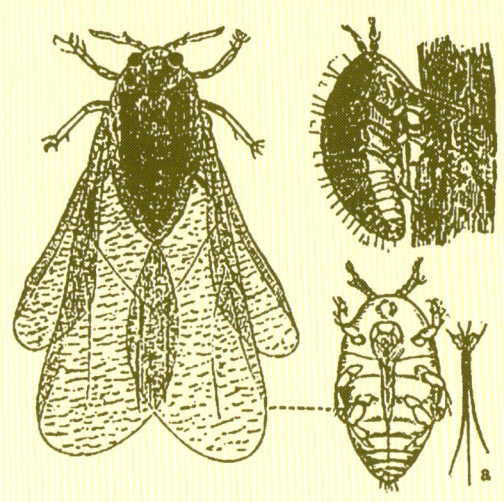

1872 | Die Reblaus taucht im Cognacgebiet auf. Betroffen sind zunächst Crouin in der Charente und Chérac in der Region Charente-Maritime. Durch die zunehmende Zerstörung der Weinberge wächst der Markt für Whisky.

1876 | Courvoisier etikettiert seine Flaschen.

1877 | Trotz Reblaus: Die Weinberge der Region Cognac erstrecken sich über 28.2667 Hektar.

1878 | Die Faubourg Saint Martin Glasmanufaktur in Cognac wird von Claude Boucher erfunden. Drei Jahre später patentiert Boucher einen neuen Prozess zur Flaschenherstellung.

1888 | Nach der Reblauskrise beginnt die Aufpflanzung der Weinberge. Die ersten Reben treffen aus Dennison, Texas ein.

1889 | Die Cognacs Frapin und Courvoisier erhalten Goldmedaillen auf der Pariser Handelsmesse.

1890 | Die Weinberge der Charente sind durch die Reblauskrise auf circa 46.000 Hektar geschrumpft.

Hennessy ist der meistverkaufte Cognac.

20. JAHRHUNDERT

Die Weinberge werden verstärkt mit reblausresistenten Reben aus Nordamerika aufgepflanzt. Rebsorten wie Colombard und Folle Blanche werden langsam durch Ugni Blanc ersetzt. Die Cognacherstellung wird strengen gesetzlichen Regelungen unterworfen.

1909 | *Sechs Cognaclagen werden gesetzlich definiert und geschützt.*

1923 | *Die Cognacmarken Hennessy und Martell beginnen, Informationen über Exportmärkte auszutauschen. Das »Gentleman's Agreement« zwischen beiden Häusern hält 29 Jahre.*

1927 | *Auf einer Flasche »Rémy Martin V.S.O.P.« prangen erstmals die Worte »Fine Champagne«.*

1930 | *Cognaccocktails werden verstärkt in Bars gesichtet.*

1934 | *Courvoisier wirbt mit einer Napoleonsilhouette.*

1936 | *Unter Einfluss von Gaston Briand und Robert Delamain werden neue Regelungen zur Cognacherstellung erlassen. Cognac kommt exklusiv aus weißen Trauben, das Zufügen von Zucker wird verboten.*

1946 | *Das BNIC, Bureau National Interprofessionel de Cognac, wird gegründet. Es besteht heute noch.*

1964 | *Die kanadische Hiram-Walker-Gruppe kauft Courvoisier.*

1967 | *Pernod Ricard kauft Cognac Bisquit.*

1971 | *The Distillers Limited Company kauft Cognac Hine. Hennessy und Moët-Chandon fusionieren.*

1986 | *Allied Domecq kauft Courvoisier von Hiram-Walker.*

1987 | *Gründung des Luxusunternehmens LVMH (Louis Vuitton Moët Hennessy). Hine wird in LVMH integriert.*

21. JAHRHUNDERT

1988 | Seagram kauft Cognac Martell.

1993 | *Die Weinberge von Cognac erstrecken sich über 87.313 Hektar.*

2001 | *Seagram, und damit Martell, wird von Pernod Ricard und Diageo gekauft.*

2005 | *Moët Hennessy gewinnt einen Prozess gegen Markenfälscher in China. Fortan darf dort kein Hanlissy-Cognac mehr angeboten werden.*

2008 | *Der französische Staatspräsident Nicolas Sarkozy offeriert seinem polnischen Kollegen einen Cognac »Domaine Fontaine de La Pouyade« 1713 und löst damit eine kleine Polemik aus, da der Eigner von Fontaine de La Pouyade schon 2006 von einem Gericht in Angoulême verurteilt worden war, weil er »die Kunden über Ursprung und substanzielle Qualitäten … des Cognac … getäuscht hat«. Letztendlich stellt sich zwar heraus, dass »1713« nicht den Jahrgang angeben sollte, sondern als Zahl zum Markenlogo gehörte, trotzdem hatte Fontaine de La Pouyade nicht nur bei diesem Thema etwas geschummelt.*

Zu den olympischen Spielen 2008 in China wurden auch zwei Cognacrezepte entwickelt. Das erste heißt »Let flame begin«, seine acht Zutaten erinnern an das Anfangsdatum der Spiele: 8.8.2008. Es ähnelt einem Steak mit einem Glas flambiertem Cognac. Das zweite Gericht ist eine Foie Gras mit Mandelsalat. Die Leber wurde zwölf Stunden mariniert. Küchenchef Cai Jun empfiehlt besonders Gewichthebern sein Rezept.

2009 | *Die »Fête de Cognac«, ein seit 1998 von jungen Winzern veranstaltetes Cognacfest, wird kostenpflichtig: Für fünf Euro gibt es Cognac und Konzerte.*

Auf dem »Cognac Summit« erstellen 50 Sommeliers und Fachjournalisten das Cognacaromenrad (siehe dazu auch Seite 73).

WO DER COGNAC WÄCHST

Die Region Charente ist die Wiege des Cognacs. Sie liegt gewissermaßen eingekeilt zwischen zwei anderen weltberühmten Weinbaugebieten. Im Süden liegt das Bordelais mit seinen legendären Reben. Im Norden hingegen die Loire, nahe Nantes wächst der Muscadet.

Im Westen des Anbaugebiets liegen die Ufer der Gironde sowie die Inseln Oléron und Ré. Im Osten endet die Cognacregion nahe Angoulême.

Die Landschaft ist sanft hügelig, mit viel Grün, das natürlich weitgehend von den Reben kommt. Der Fluss Charente durchzieht die Region, ab und an biegt ein Seitenarm links oder rechts ab.

Daten und Fakten

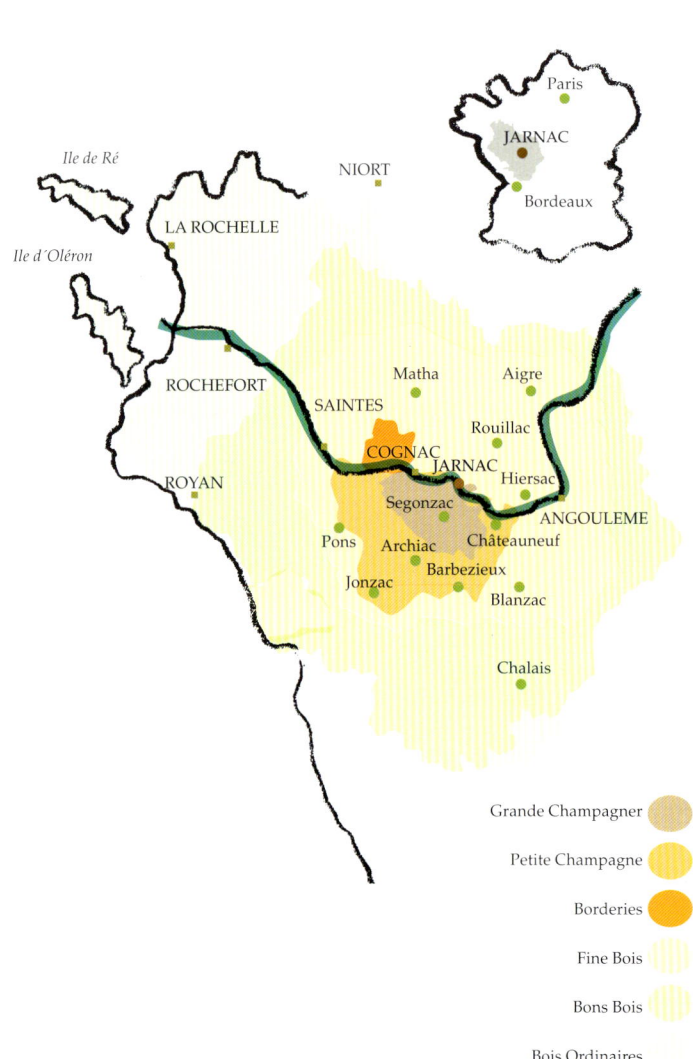

Aus welcher Region Cognac kommen darf, ist seit langem gesetzlich genau geregelt: Eine Verordnung vom 1. Mai 1909 bestimmt die Herkunft. Vorlage für die Arbeit der Bürokraten waren die Studien zu den Bodenverhältnissen der Region, die der Geologe Henri Coquand schon 1860 erstellte. Der größte Teil der Anbauzone liegt im Departement Charente-Maritime. Neben einem großen Teil der Charente gehören auch einige wenige Dörfer der Departements Dordogne und Deux-Sèvre zum Anbaugebiet.

Insgesamt umfasst die Weinbauregion mehr als eine Million Hektar – um genau zu sein 1.095.119 Hektar. Aber: Nur auf 78.179 Hektar werden tatsächlich Trauben angebaut. Gut 95 Prozent der hier erzeugten Weißweintrauben werden zu Cognac destilliert. Es gibt also noch Reserven, eine weltweite Cognackrise ist langfristig nicht zu fürchten.

In der Charente sind extreme Wetterlagen selten. Die durchschnittliche Jahrestemperatur beträgt 13 Grad, die Winter sind recht mild.

Die Lagen

Seit 1909 gibt es für den Cognac sechs Lagen. In einem weiteren Dekret aus dem Jahre 1938 wurden diese nochmals bestätigt.

Da sind zunächst die »Champagne« genannten Lagen: Doch die Grande Champagne und die Petite Champagne sind mit der Champagne bei Reims, wo die Trauben für den prickelnden Champagner wachsen weder verwandt noch verschwägert.

Dazu kommen die Lage »Borderies« und die diversen »Bois«-Lagen: Fins Bois, Bons Bois, Bois à Terroirs. Bois ist das französische Wort für Wald. Diese Lagen wurden Anfang des 19. Jahrhunderts auf gerodeten Waldstücken angelegt.

In den Champagnelagen bestehen die Böden aus oberflächlichem Lehm und Kalkstein – einem weichen Kreidekalk aus der Kreidezeit. Der Kreideanteil ist, wie der Name vermuten lässt, außergewöhnlich hoch, er kann bei bis zu 60 Prozent liegen. Dazu kommen Tonböden vom Typ Montmorillonit. Sie gelten als besonders fruchtbar und sorgen für gute Wasserabsorption. Durch den porösen Untergrund herrscht in den Champagnelagen nie Trockenheit. Wie in einem Schwamm kann das gespeicherte Wasser in diesen Böden während der trockenen Sommerzeit nach oben steigen.

Die »Grande Champagne«

Diese Ursprungsbezeichnung erstreckt sich über 34.703 Hektar. Gut 13.159 Hektar sind von Weinbergen bedeckt. Cognacs, deren Grundweine aus der Grande Champagne stammen, benötigen oft lange Lagerung in Eichenholzfässern, um ihre Qualitäten voll entwickeln zu können. Gönnt man den Bränden die nötige Ruhe, entwickeln sie sich zu besonders feinen und aromatischen Cognacs.

Die »Petite Champagne«

Die Ursprungsbezeichnung Petite Champagne umfasst 65.603 Hektar. Auf etwa 15.246 Hektar werden Weine für Cognac produziert. Sie sind ihren »Brüdern« aus der Grande Champagne recht ähnlich, auch wenn sie teilweise über etwas weniger Finesse verfügen.

Die »Borderies«

Die Borderies sind mit einer Fläche von nur 12.540 Hektar das kleinste Cognacgebiet. Die oberen Schichten des Bodens bestehen aus Feuersteinlehm. Auf lediglich 3.987 Hektar Weinbergen im Nordosten der Stadt Cognac werden Trauben produziert. Cognacs dieser Region gelten als rund und mild. Sie benötigen eine kürzere Fassreife als Cognacs aus den Champagnelagen.

Die »Fins Bois«

Frei übersetzt bedeutet fins bois: das »feine Holz«. Die hiesigen Lehmkalksteinböden ähneln denen der Champagnelagen. Viele dieser Böden sind steinig und rot, ihr Kalkstein ist hart. Im »Pays-Bas«, nördlich der Stadt Cognac, herrschen Lehmböden vor, deren Lehmanteil 60 Prozent betragen kann. Die Fins Bois umgibt die drei Lagen Grande Champagne, Petite Champagne und Borderies. Mit 349.803 Hektar ist das Anbaugebiet recht groß. Allerdings werden auf nicht einmal zehn Prozent davon, etwa 31.001 Hektar, die Trauben für sanfte, zügig alternde Cognacs gewonnen.

Die »Bons Bois«

Frei übersetzt: das »gute Holz«. Hier herrschen Sandböden vor, die durch Erosion aus dem französischen Zentralmassiv herübergeschwemmt wurden. Diese Weinberge liegen auch heute noch verstreut zwischen Fichten und Kastanienwäldern. Auch die Bons Bois sind mit 372.053 Hektar geradezu riesig. Für die Cognacproduktion werden jedoch gerade einmal 9.308 Hektar genutzt.

Die »Bois à Terroir« oder »Bois Ordinaires«

Mit 260.417 Hektar Weinbergen ist auch diese Lage potenziell riesig. Tatsächlich genutzt werden nur 1.101 Hektar. Viele davon liegen auf den Sandböden der Inseln Ré und Oléron oder in der Nachbarschaft des Atlantiks. Sie bringen robuste Cognacs hervor, die meist keine lange Fassreife benötigen.

»Fine Champagne« ist eine geschützte Ursprungsbezeichnung, aber keine Lage. Die beiden Wörter stehen für Cognacs, die aus Destillaten der Petite und Grande Champagne stammen. Mindestens 50 Prozent des Cognacs müssen aus letzterer Region kommen, damit er sich Fine Champagne nennen darf.

DIE REBEN DER CHARENTE

*Spitzenweine sind von ihnen nicht zu erwarten.
Aber für die Destillation sind sie wie geschaffen.
Alle Cognacreben bringen leichte, säurehaltige
Gewächse hervor, die erst durch die Destillation
zu voller Form auflaufen.*

Ugni Blanc

Diese Rebsorte ist unter ihrem italienischen Namen **Trebbiano** weitaus bekannter. Sie stammt ursprünglich wohl aus der Toskana. Dort wird sie für leichte, frische Weine genutzt. Ugni Blanc ist sehr ertragsstark: Pro Hektar können die Winzer 100 bis über 200 Hektoliter einfahren.

In Frankreich hat der eher wenig bekannte Ugni Blanc zumindest einen Spitzenplatz inne: Den meisten Fachleuten zufolge nimmt diese Rebsorte den meisten Platz auf den Weinbergen der Grande Nation ein.

Ugni blanc gedeiht in den Regionen Midi, Charentes, Gers, Lot-et-Garonne, Landes, Entre-deux-mers, Bouches-du-Rhône, Loire sowie in den Départements Languedoc, Provence und Korsika.

Doch auch anderswo in der Welt gibt es Ugni Blanc. Weltweit nimmt er den Platz vier in der Hitparade der am weitesten verbreiteten Reben ein. Er wächst außer in Italien auch in Bulgarien, Mexiko, Australien, Griechenland, Südafrika, Kalifornien, Argentinien, Indien, Chile, Rumänien, Russland, Brasilien … und anderswo.

Kein Wunder bei all dieser Reisefreude, dass in Sachen Ugni Blanc große Sprachverwirrung herrscht: In der Region selbst nennt man die Traube auch Saint Emilion. In anderen französischen Regionen und Ländern hat man sie anders getauft: **Chatar, Cadillac, Cadillate, Castillonne, Muscadet** (Gironde), **Clairette à grains ronds, Clairette ronde** (Provence), **Buan et Beou, Queue de Renard, Roussan** (Alpes Maritimes), **Gredelin** (Vaucluse), **Rossola** (Korsika). Dazu kommen **Trebbiano Toscano, Trebbiano, Trebbiano Fiorentino, Procacino, Malvasia lunga, Buzetto, Campolese, Albanella** (Italien), **Talia, Branquinta, Douradinha** (Portugal) sowie **White Hermitage** (Australien) und **Juni blan** (Kroatien).

Wächst die Ugni-Blanc-Traube unter Meeresklima, sind die Weine leicht säuerlich. Im Landesinnern hingegen fallen sie neutral und ausgewogen aus.

Unweit von Angoulême existiert sogar ein Ugni-Blanc-Konservatorium im »Lycée agricole de l'Oisellerie«, einer Schule. Hier wird sozusagen das genetische Erbe der Reben verwaltet. Experten suchten die ältesten Rebstöcke der Charente und der Mittelmeerländer. Um die Artenvielfalt zu erhalten, werden die Rebstöcke geklont.

Folle Blanche

Eine klassische Traube, deren Rebensaft meist zur Cognac- und Armagnacherstellung herangezogen wird. Im Cognacgebiet wird sie langsam durch den Ugni Blanc verdrängt. Genau wie Ugni Blanc und Colombard steht Folle Blanche für große Hektarerträge.

Folle Blanche gibt leichte, frische, säurehaltige Weine. Brände aus dieser Traube gelten als sehr fein.

An der Loire und in der Vendée heißt diese Rebsorte auch **Gros Plant**, im Gers ist sie als **Piquepoul** bekannt.

Colombard

Eine traditionelle Rebsorte der Charente. Wenn ihre Trauben nicht zum Destillieren dienen, ergeben sich leichte, säurehaltige Weine mit etwas mehr Alkohol als zum Beispiel der Ugni Blanc. Aber: Unter den Kellermeistern gelten Ugni Blanc und Folle Blanche als bessere Trauben für Brände. Doch auch diese Rebsorte ist höchst produktiv. Früher wurde sie zuweilen mit der Sémillontraube verwechselt.

Colombard wächst vielfach in Frankreichs Westen, gedeiht aber auch in heißen, trockenen Regionen.

Seit den 1990er-Jahren sind die Anbauflächen für Colombard stark zurückgegangen. In folgenden Regionen findet man die Rebsorte noch: Gironde, Landes, Lot-et-Garonne, Loire-Atlantique sowie natürlich der Cognacregion Charente. In der Region Gers breitet sich die Traube sogar noch aus.

In Kalifornien, Texas, Südafrika, Australien, Mexiko und Israel werden Colombardtrauben ebenfalls gelesen.

Auch diese Rebsorte verfügt über eine Fülle von Namen Colombier (in der Gironde), **Colombié**, **Queue tendre**, **Chabrier vert**, **Donne verte**, **Gros blanc roux**, **Blanc Emery**, **Bon Blanc**, **Pied tendre**, **Guenille**, **Blanquette** (Tarn-et-Garonne). Dazu kommen **Colombar** (Südafrika) und **French Colombard** (Kanada, Chile, Israel).

GESETZLICH GESCHÜTZT
ZOLLERN-
COGNAC-VERSCHNITT

Echter Cognac
aus den wertvollsten Lagern der Welt
1765
HENNESSY
COGNAC
1/1 Flasche DM 18,60

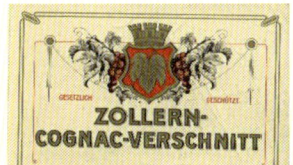

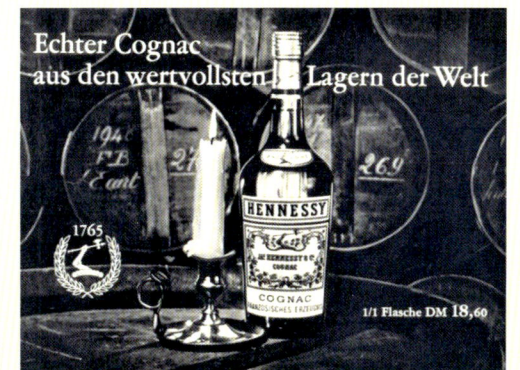

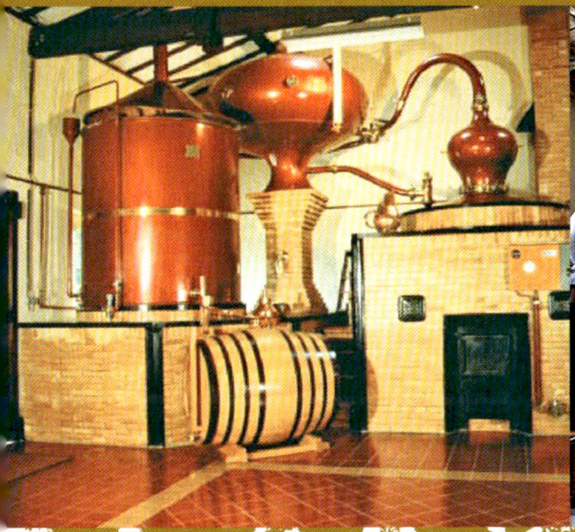

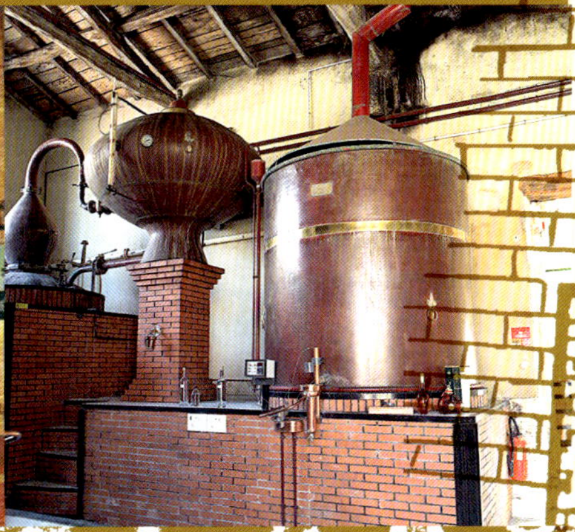

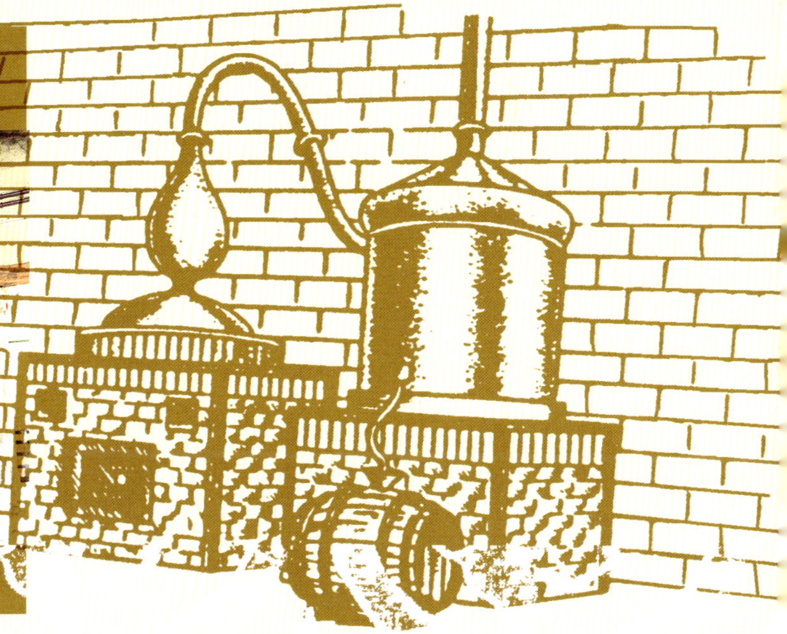

DIE DESTILLATION DES COGNACS

Wenn die alkoholische Gärung beendet ist, ist für den werdenden Cognac die Arbeit noch längst nicht vorbei. Der Weißwein wird destilliert. Aber nach dieser ersten Destillation hat die Schwitzkur, im Gegensatz zu den gebrannten Kollegen des Cognacs, noch kein Ende. Das Geheimnis des Cognacgeschmacks ist die doppelte Destillation, »deux chauffes« genannt. Bis der Cognac ein Cognac ist, ist er also zweimal destilliert worden. Seitdem die Weinbauern im 17. Jahrhundert mit der doppelten Destillation experimentierten, hat sich für den Cognac also nicht viel verändert.

Alle Cognachersteller destillieren ihre Brände in den sogenannten »Alambics charentaises«. Diese sind eigentlich nur große Destillierkolben aus Kupfer, im Detail jedoch weit raffinierter, als ein erster Blick vermuten lässt. Alles am Alambic ist wichtig, auch die Position der schwanenhalsförmigen »Pfeifen«, eigentlich eine Art Kühlungsschlauch. Zweimal wird der Cognac darin erhitzt. Dies sind die legendären »deux chauffes«, im Gegensatz etwa zum Armagnac, der nur einmal destilliert wird.

Zuerst wird der ungefilterte Wein aufgeheizt. Die entstehenden Dämpfe werden oben aufgefangen und durch den Schwanenhals abgeleitet, von dort wabern sie in den »Serpentin«, einen Kühlbehälter. Durch Kondensation entsteht jetzt das »brouillis«, eine recht farblose Flüssigkeit mit einem Alkoholgehalt von etwa 32 Volumenprozent. Aus 20 Hektolitern Wein werden so 600 bis 700 Liter »brouillis«. Das »brouillis« wird erneut erhitzt, diesmal im zweiten Brenngang, der sogenannten »bonne chauffe« (gute Erhitzung). Das »brouillis« wird dabei regelrecht eingekocht, von 25 Hektolitern bleiben 700 bis 800 Liter potenzieller Cognac über. Der Kellermeister hält jedoch zudem die ersten und letzten Liter die aus dem Destillierbehälter entweichen wegen ihres hohen Alkoholgehalts zurück. Nur aus dem »cœur«, dem Mittelstück der Destillation, wird der Cognac. Der Rest hingegen wird beim nächsten Brenngang wieder mitdestilliert. Das Destillat wandert dann in Eichenholzfässer und darf ruhen. Wer einmal das »cœur« probiert hat, muss eines erfahren: Es ist ein Rachenputzer, der jeden hartgesottenen Trinker schon beim Probeschluck umhauen könnte. Finesse? Tabak-, Frucht- und Lederaromen? Keine Spur. Profis staunen regelmäßig über diese Frage. Das alles kommt doch erst mit der Zeit, nach jahrzehntelanger Lagerung im Eichenholzfass.

Doch am Anfang steht die Hexenbrühe im kupfernen Zwiebelturm auf gemauertem Grund. Dann, irgendwann, nach entsprechender Lagerung, kommt es zum Verschnitt. Im Gegensatz zu vielen anderen Bränden gewinnt Cognac durch die Mischung von verschiedenen Jahrgängen und Ursprungsgebieten durch einen kundigen Kellermeister. Erst der Verschnitt macht in den meisten Fällen einen guten Brand zum herausragenden Cognac, auch wenn es natürlich Ausnahmen in Form rarer Jahrgangscognacs gibt.

Und zu einem ordentlichen Verschnitt benötigt man deshalb möglichst viele Cognacs unterschiedlichen Alters. Alteingesessene Cognachäuser verfügen über eigene Keller oder greifen auf die Bestände zuverlässiger Lieferanten zurück. Hersteller wie Kelt, die erst seit recht kurzer Zeit auf dem Markt sind, müssen ihre Ware aus historischen Beständen ankaufen. So macht es auch Jean Grosperrin, ein ehemaliger Weingroßhändler und Raritätenjäger, spezialisiert auf die Suche nach alten Bränden: »Mich hat es immer erstaunt, wie schnell rare Kostbarkeiten in Cuvées verschwinden«, erklärt Grosperrin. »Da findet jemand 50 oder 100 Jahre alte Brände, verschneidet sie und man spricht nie wieder darüber.« Unter dem Namen »La Gabare« verkauft er Brände, deren Alter im unabhängigen Forschungszentrum CNRS in Villeurbanne datiert wurden. Gerichtsvollzieher überwachen jede Manipulation der Flaschen. Der Ursprung wird zertifiziert: Sein »Petite Champagne N° 14 Paror« war schon 1946 in den Archiven eines Großhändlers verzeichnet. Weil es von letzterem nur noch 210 Liter gab, verkauft Grosperrin gerade 25 nummerierte Flaschen pro Jahr. Einige Hersteller, wie zum Beispiel Frapin, können hingegen auf eigene Reben und alte Bestände zurückgreifen. Seit 1270 ist die Familie Frapin in der Region ansässig, zu den Familienmitgliedern gehörte der bekannte Schriftsteller François Rabelais. Zu ihren absoluten Spitzenbränden gehört zum Beispiel die Cuvée 1888. Ein Verschnitt aus uralten Cognacs mit Aromen von Nüssen, Pflaumen, Korinthen, Trockenfrüchten und Kaffee.

Der Verschnitt sorgt auch bei den großen Marken für die charakteristischen Aromen: Ein bekannter »Markencognac« muss jedes Jahr gleich schmecken, auch wenn Qualität und Geschmack des Rohmaterials variieren. Deshalb muss der Bedarf der kommenden Jahre lange im Voraus festgelegt und die Lagerhaltung geplant werden. Das gleicht nicht selten einem Strategiespiel. Nicht weniger als 1.000 verschiedene Brände wandern in eine Flasche von Frapins Premiumcognac Louis XIII. Wollte man diesen Verschnitt per Versuch und Irrtum zusammenmischen, wäre man ein gutes Jahrzehnt beschäftigt.

Die richtige Mischung

Eine Flasche Cognac stammt nur selten aus einem einzigen Jahrgang. Cognac wird verschnitten. Der Mix verschiedener Brände trimmt ihn auf einen »Wunschgeschmack«. Das klingt nach Marketing, hat aber durchaus lange Tradition, die man manchmal noch in alteingesessenen Cognachäusern erleben kann: Stolz schenkt der Kellermeister wichtigen Gästen dann zwei Schluck Cognac ein. Je wichtiger die Gäste, desto älter der Brand. Wenn er die Neuankömmlinge richtig beeindrucken will, können das schon mal ein 1854er und 1856er sein. Absolute Raritäten aus der Zeit vor der Reblauskrise, die jeden Weinstock der Region vernichtete. In banger Vorfreude und mit größter Erwartung kosten die Gäste das erste Glas, dann das Zweite. Und ganz ehrlich, keiner der beiden Brände wird zum unvergesslichen Erlebnis. »Na, Sie sind enttäuscht, oder?«, fragen die Kellermeister der Region dann kumpelhaft. Viele Gäste wagen ein zaghaftes Nicken. Monsieur mischt dann beide Brände in einem Glas. Die zweite Kostprobe folgt. Auf einmal wird der Brand wesentlich komplexer, mit feinen Noten von Rancio, Leder und Vanille. »Das ist die Magie des Cognacs!«, triumphiert der Herr des Hauses dann: »Einzeln können unsere Brände manchmal schwach ausfallen. Richtig verschnitten sind sie unschlagbar.«

Pineau de Charentes

Irgendwann im 16. Jahrhundert soll einem Charentaiser Winzer ein kleiner Fehler unterlaufen sein: Er füllte ein Fass, das noch etwas Cognac enthielt, mit Traubenmost auf. Weil keine Gärung einsetzte, vergaß unser Weinmacher sein Fass, entdeckte es erst Jahre später und kostete begeistert die süßliche Flüssigkeit. So soll einer Legende nach der Pineau des Charentes entstanden sein. Einer der besten Pineaus wird auf dem Château de Beaulon verkauft, einem eindrucksvollen Anwesen aus dem 17. Jahrhundert mit Park und karibikblauem See. Eine seltene Algensorte sorgt für die Färbung des Wassers. Zehn Jahre Ruhe in Fässern aus LimousinEiche geben dem Pineau seine Qualitäten: Hausherr Christian Thomas empfiehlt die weiße Réserve d'Or zu Gänseleber, trockenem Ziegenkäse oder Roquefort, der rote Ruby schmeckt zu warmer Foie Gras, einigen Wildgerichten und Schokoladendesserts. Natürlich stellt Monsieur Thomas neben dem Spitzenpineau auch einen guten Cognac her.

Château de Beaulon | 17240 Saint-Dizant-du-Gua | Tel.: 0033 (0) 5 46 49 96 13 | Öffnungszeiten: Montag bis Freitag 9–12 Uhr und von 14–18 Uhr, Juni bis Ende September täglich geöffnet

DIE COGNAC-QUALITÄTEN

Natürlich gibt es große Unterschiede zwischen den Cognacs und nicht jeder erfüllt die strengen Kriterien eines echten Genießers. Aber bestimmte Vorraussetzungen muss ein Cognac einfach erfüllen, damit er überhaupt ein Cognac sein darf. Die rechtlichen Aspekte dienen dazu, den Konsumenten vor Betrug zu schützen. Der Inhalt der Flaschen dient aber dazu, den Konsumenten glücklich zu machen – und das ist schließlich das Wichtigste.

Cognac ist natürlich nicht gleich Cognac und damit auch wirklich drin ist, was der begeisterte Käufer meint zu erstehen, gibt es einige Angaben, die unbedingt aufgeführt sein müssen. Jeder Anbieter von Cognac muss folgende Pflichtangaben auf seinem Etikett vermerken:

- Bezeichnung (Cognac, Eau-de-vie de Cognac, Eau-de-vie des Charentes)

- Fassungsvermögen (zum Beispiel 0,7 Liter)

- Alkoholgehalt (mindestens 40 Volumenprozent)

Die Altersbezeichnung bezieht sich auf das Alter des jüngsten Branntweins im Cognacverschnitt. Theoretisch wäre es denkbar, dass jemand 95 Prozent von 50-jährigem Cognac mit fünf Prozent vierjährigem Cognac mischt. In der Altersbezeichnung würde dann nur das vierjährige Destillat auftauchen. Dieser Cognac würde als V.S.O.P. (siehe Seite 59) deklariert sein.

Cognac darf erst dann gehandelt werden, wenn er mindestens zwei Jahre in Eichenfässern gelagert wurde. Das nennt man auch Konto 2. Gezählt wird ab dem 1. April des auf die Weinlese folgenden Jahres

> *»Glauben Sie nicht, dass ich den ganzen Tag über rauche! Ich verfüge über falsche Zigarren. Sie sind innen mit Cognac gefüllt.«*

SIR WINSTON CHURCHILL

Eine Verordnung vom 23. August 1983 präzisiert die Altersbezeichnungen:

- V.S. (Very Special) oder *** (drei Sterne) steht für Cognac, dessen jüngstes Destillat mindestens zwei Jahre alt ist.

- V.S.O.P. (Very Superior Old Pale) oder Réserve steht für Cognac, dessen jüngstes Destillat mindestens vier Jahre alt ist.

- Napoléon, X.O. oder Hors d'âge steht für Cognac, dessen jüngstes Destillat mindestens sechs Jahre alt ist. Meistens verwenden die Hersteller jedoch wesentlich ältere Brände. In raren Ausnahmefällen können die Brände für einen Cognac aus einem einzigen Jahrgang stammen. Dieser Cognac trägt dann auch eine Jahrgangszahl.

Dazu kommen Angaben wie die regionale Herkunftsbezeichnung: Grande Champagne, Petite Champagne, Fins Bois, Bons Bois. Die »edelsten« Cognactrauben stammen aus dem Gebiet der Grande Champagne, gefolgt von der Petite Champagne.

Wird eine Herkunftsbezeichnung auf dem Etikett genannt, müssen 100 Prozent des Brandes aus dem genannten Anbaugebiet stammen. Pflicht ist dann der Zusatz »Appellation Contrôlée« (kontrollierte Ursprungsbezeichnung) oder »AOC«.

Ausnahme ist die Fine Champagne: Diese »AOC« bezeichnet Cognacs, die nur Brände aus der Grande und Petite Champagne enthalten. Mindestens 50 Prozent des edlen Getränks stammen dann aus der Grande Champagne.

Die Definition »Fine« stammt noch aus dem Jahr 1928 und wird auch auf Brände aus Apfelweinen angewendet.

Weitere Zusätze wie »Réserve des Ancêtres«, »Prestige« oder »Unser Bester« entstammen allein der Fantasie des Herstellers. Sie stehen nicht immer für Qualität.

UMGANG MIT COGNAC

Cognac ist pflegeleicht und verdirbt fast nicht. Aber in der Sonne lagern sollte man ihn natürlich auch nicht, ebenso wenig darf er aus dem Bierglas getrunken werden. Beim ersten Schluck können Sie dann allerlei köstliche Aromen aufspüren – von Aprikose über Ingwer bis hin zu Pfirsich und Zimt. Nur eins mag Cognac gar nicht: Man darf ihn nicht dekorativ ins Regal stellen, er will genossen werden.

Einkauf und Preis

Cognac gibt es in allen Preisklassen. Die Tankstelle nebenan wird 3-cl-Fläschchen für 3,50 Euro führen. Spitzenprodukte wie der Louis XIII. von Rémy Martin können 3.500 Euro für 1,5 Liter kosten. Der »Cognac Frapin Grande Champagne Carafe 1888« kostet im Designerflakon mit Holzkiste gut 3.700 Euro für 0,7 Liter. 1888 ist dabei keine Jahresangabe, sondern die Anzahl der Flaschen dieser Abfüllung.

Und es gibt noch wesentlich kostspieligere Cognacs. Aber: Wer wirklich in Cognac »investieren« will, sollte bei einem seriösen Händler oder noch besser direkt beim Hersteller kaufen, denn es existieren Fälschungen historischer Cognacs. Sogar auf den Châteaus ist man überrascht zu erfahren, wer alles sogenannt »Jahrgangscognacs« zu großen Daten der Menschheitsgeschichte anbietet. Doch echte Jahrgangscognacs sind ausgesprochen rar und die meisten der angebotenen Spezialitäten wurden in Wahrheit nie auf der ihnen zugeschriebenen Domain abgefüllt. Auch im Internet kann man für eine fünfstellige Summe Brände unklarer, häufig obskurer Herkunft erwerben – Zahlung per »Paypal« inklusive. Manchmal ziert nur eine Ortsangabe die Flasche, mal verfügen die Flaschen über gar kein Etikett. Bei echten Raritäten sollte der Händler zumindest ein Datum der Abfüllung bestätigen. Denn ist der Cognac erst einmal in der Flasche, verbessert er sich nicht mehr. Auch wenn man ihm 50 Jahre Ruhe gönnt.

Einen guten Cognac für den Alltag, im Alter von 10 bis 20 Jahren, erhält man derzeit für circa 35 bis 45 Euro. Für etwa 120 Euro bekommt man einen wirklich guten Brand. Und für etwa 750 Euro gibt es den wirklich außergewöhnlichen Paradis von Ragnaud-Sabourin; 90 Prozent dieses Brandes stammen aus dem frühen 20. Jahrhundert, der knappe Rest sogar aus der Zeit vor der Reblauskrise (1870).

Der teuerste Cognac der Welt

Der unserer Kenntnis nach kostspieligste Cognac kommt von Hennessy und trägt den Namen »Beauté du Siècle«. Hundert Stück der »Schönheit des Jahrhunderts« werden zum Preis von derzeit 179.400 Euro angeboten. Dafür gibt es nicht nur eine Flasche Cognac, sondern auch eine Schmuckschatulle des Künstlers Jean-Michel Othoniel. Sie besteht aus Aluminium, Blattgold und Spiegelglas. Ein bronzener Schlüssel öffnet das Schatzkästlein, der Cognac steigt dem Trinker auf Knopfdruck entgegen. Er ruht in einer Kristallkaraffe von Baccarat. Die Brände für den Cognac sind 47 bis 100 Jahre alt. Ein Buch ist auch dabei. Letzteres bietet nicht etwa Cognaclektüre, sondern die Archive des Fotostudios Talbot, dessen Fotografen von 1898 bis 1914 alle französischen Persönlichkeiten von der Mistinguett bis Mata Hari ablichteten. Und natürlich enthält jede Kiste dazu ein Original Talbot-Foto.

Lagerung zu Hause

Nur wenn Cognac in Holzfässern gelagert wird, entwickelt er sich. Es gibt Cognacs, die beim Hersteller bis zu 70 Jahre im Fass lagern. Regelmäßig werden sie vom Kellermeister überwacht. Hat der Cognac sein optimales Potenzial erreicht, wird er in eine sogenannte »Dame Jeanne« gefüllt. Das ist ein großer Glasballon von 20 bis 50 Litern Inhalt.

Ist der Cognac erst einmal im Glas, entwickelt er sich nicht mehr weiter. Das gilt erst recht für Brände, die bereits auf Flaschen gezogen wurden.

Die Lagerung zu Hause kann den Cognac also nicht verbessern. Einmal in der Flasche, ist der Cognac recht anspruchslos. Man sollte ihn allerdings weder direkter Sonneneinstrahlung noch großer Hitze oder Kälte aussetzen. Hält man sich daran, dann wird sich sein Geschmack nicht verändern.

Ist der Korken nicht beschädigt, kann man eine Flasche problemlos wieder verschließen. Einige Hersteller empfehlen, angebrochene Flaschen innerhalb eines Monats aufzubrauchen. Aber: Diese Forderung wird oft weder auf der Domain selbst noch in erstklassigen Restaurants beherzigt. Die meisten Cognacs überstehen regelmäßiges Öffnen ohne Probleme. Wer bei einem echten Spitzenprodukt ganz vorsichtig sein möchte, füllt es von Zeit zu Zeit in ein kleineres Glasgefäß um. So kommt weniger Sauerstoff an den Cognac und die Aromen verändern sich nicht durch die durch den Sauerstoff entstehenden Oxydationsprozesse.

Cognac wird in der Regel bei Raumtemperatur serviert. Das gilt im Restaurant ebenso wie beim Winzer.

Gekühlt werden Cognacs für Cocktails. Meist wandern sie bei 14 bis 16 Grad ins Glas. Doch auch noch tiefere Temperaturen sind möglich.

Gläser

Üblicherweise wird Cognac in einem bauchigen Tulpenglas genossen. Sommeliers schätzen diese Glasform, weil sie die eher stechenden Alkoholaromen ein wenig zurückhält und erst nach und nach freigibt. Je nach Größe wird so ein Glas mit zwei bis vier Zentiliter befüllt. Cognac wird nur sanft im Glas geschwenkt.

Dieses klassische Cognacglas wird vor allen Dingen für höherwertige Brände genutzt. Ein X.O. sollte es mindestens sein.

Jüngeren Cognacs fehlt es für diese Glasform oft an aromatischer Komplexität. Einen handelsüblichen V.S.O.P. kann man durchaus im Tumblerglas genießen.

Dort passen auch ein paar Eiswürfel oder ein Schuss Mineralwasser hinein. Lange Zeit war das Verschneiden mit Wasser eher ein Tabu. Inzwischen erklären auch Cognacwinzer, dass ihre Brände, rein historisch gesehen, ja ursprünglich mit Wasser aufgefüllt wurden. Gebrannt wurden sie, um Platz zu sparen, durch Hinzufügen von Wasser hoffte man, dem Geschmack der Grundweine wieder näher zu kommen.

Wie gesagt, das gilt jedoch nur für jüngere Destillate. Kein echter Cognacliebhaber würde ein Spitzenprodukt mit Eiswürfeln verdünnen.

Noch jüngere Cognacs, wie die V.S.-Qualitäten, wandern durchaus mit Eiswürfeln, Tonic oder Champagner in ein Cocktailglas.

Degustation

Man nehme … eine oder zwei gute Flaschen Cognac, dazu ein leicht bauchiges Tulpenglas. Mehr braucht man nicht für die Degustation.

Genau wie beim Wein wird Cognac zuerst im Glas betrachtet: Wie transparent ist er? Cognac sollte nicht trübe sein und darf kein Depot, also keine »Schwebeteilchen« ungeklärter Herkunft, aufweisen. Wie ist seine Farbe? Je nach Alter und Lagerung kann sie von Gelb bis Mahagoni reichen. Und schließlich: Wie fließt er? Ältere Cognacs hinterlassen Schlieren am Glas, die den »Kirchenfenstern« rarer Weine gleichen.

Dann wird der Cognac an die Nase geführt. Das Glas darf dabei leicht schräg gehalten werden. Zunächst strömen die eher alkoholreichen Noten in Richtung Nase. Im Riechkolben kann es dabei durchaus prickeln oder ein wenig brennen. Danach kann der geneigte Genießer ruhig die Nase ins Glas stecken und versuchen, die Aromen zu orten: Das können zum Beispiel Gewürz- oder Ledernoten sein. Ingwer, Zimt, Gewürznelke, aber auch Lakritz, Karamell, frische

Feige, Pfirsich oder Pflaume, das alles kann ein Cognac bereithalten. Anschließend wird das Glas ein wenig geschwenkt. Vielleicht verstecken sich ja noch ein paar Duftnoten, die beim ersten Riechen unbemerkt geblieben sind?

Schließlich der Probeschluck: Zuerst ist das nur ein Schlückchen, gerade mal ein Milliliter, der vorn auf der Zunge entlanggleitet: Ist der Cognac ausgewogen? Das heißt, sind die bitteren, sauren und vielleicht sogar leicht süßlichen Noten aufeinander abgestimmt? Wie fühlt er sich im Mund an? Ist er kräftig, wirkt er »fett«, rund oder adstringierend? Adstringierend sind Weine oder Brände, die durch ihre Bitterstoffe die Zunge regelrecht zusammenziehen.

Dann schließlich kommt der zweite Schluck. Jetzt geht es nur noch um die Aromen: Das können durchaus Vanille, Hyazinthen oder Linde sein. Oder Gewürze. Oder Leder. Oder Rancio. Rancio? Das Wort wird im Deutschen zwar mit »ranzig« übersetzt, meint aber eine buttrig-nussige Geschmacksnote.

Im Wesentlichen finden sich im Cognac vier Geschmacksfamilien wieder. Die fruchtigen Aromen, die blumigen Noten, die holzigen und die würzigen Aromen. Je nach Alter durchlaufen sie verschiedene Entwicklungsstufen: Junge Cognacs duften nach Aprikose, Birne, Pfirsich oder Pflaume. Oder nach Rosen, Margariten, Petunien. Einmal gealtert wandelt sich ihr Aroma zu Kokosnuss, Passionsfrucht, Feige, Backpflaume, Marmelade, Weichselkirsche, Orangenschale, Narzisse, Hyazinthe oder Jasmin.

Recht einfach ist die Ortung der Holznoten im Glas. Junge Cognacs duften nach Eichenholz und Vanille, den klassischen Barriquearomen. Später wird dieser Duft zu Leder, Bitterschokolade oder Tabak, noch später zu Sandelholz, Eukalyptus oder Zedernholz.

Auch die würzigen Aromen sind uns aus dem Alltag vertraut und im Glas leicht zu orten. Ganz junge Brände verfügen über das Aroma von rohem Paprika, Gewürznelken oder Pfeffer. Später erinnern sie an Ingwer, Safran, Curry und Zimt. Cognacs, die älter als 30 Jahre sind, duften eher nach frischer Muskatnuss oder Balsamkraut.

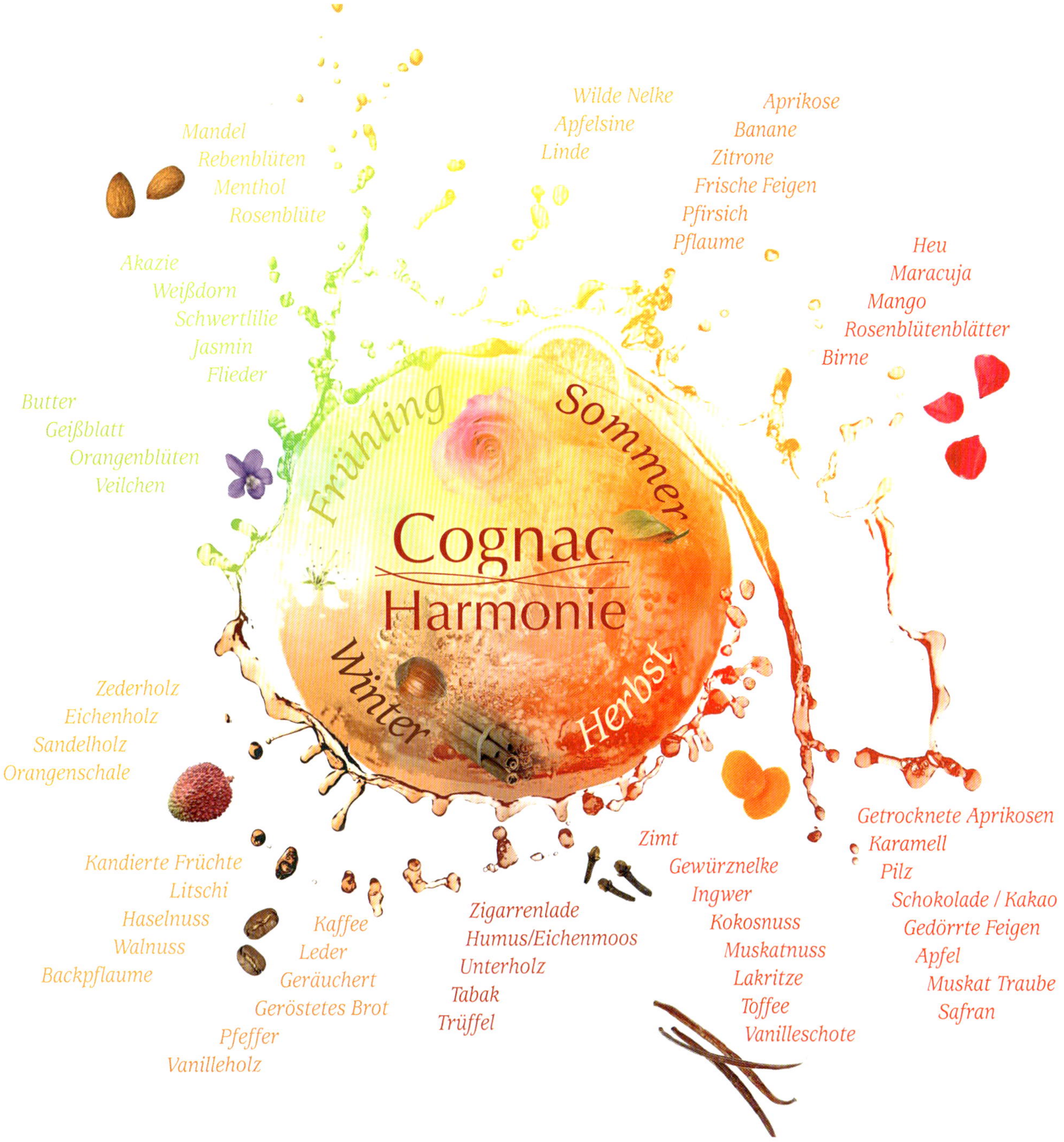

Cognac Harmonie

Frühling
- Mandel
- Rebenblüten
- Menthol
- Rosenblüte
- Akazie
- Weißdorn
- Schwertlilie
- Jasmin
- Flieder
- Butter
- Geißblatt
- Orangenblüten
- Veilchen

Sommer
- Wilde Nelke
- Apfelsine
- Linde
- Aprikose
- Banane
- Zitrone
- Frische Feigen
- Pfirsich
- Pflaume
- Heu
- Maracuja
- Mango
- Rosenblütenblätter
- Birne

Winter
- Zederholz
- Eichenholz
- Sandelholz
- Orangenschale
- Kandierte Früchte
- Litschi
- Haselnuss
- Walnuss
- Backpflaume
- Kaffee
- Leder
- Geräuchert
- Geröstetes Brot
- Pfeffer
- Vanilleholz

Herbst
- Zigarrenlade
- Humus/Eichenmoos
- Unterholz
- Tabak
- Trüffel
- Zimt
- Gewürznelke
- Ingwer
- Kokosnuss
- Muskatnuss
- Lakritze
- Toffee
- Vanilleschote
- Getrocknete Aprikosen
- Karamell
- Pilz
- Schokolade / Kakao
- Gedörrte Feigen
- Apfel
- Muskat Traube
- Safran

A Night of POETRY · SOUL · MUSIC

SPONSORED BY
COURVOISIER
EXCLUSIF
COGNAC

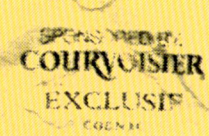

CHRISTMAS NIGHT
LADIES NIGHT OUT
A DINNER & AFTER PARTY
THURS. DEC. 25th

POETRY BY: BO ELLIS · HOSTED BY: ASIA · MUSIC BY: MIDWID · PERFORMANCE BY: RAHSAAN ALEXANDER

LADIES FREE ENTRANCE TILL 12 AM & DRINK FREE COURVOISIER 10PM - 12AM W/ RSVP
1ST 20 LADIES FREE DINNER

CHRISTMAS NIGHT
LADIES NIGHT OUT
THURS. DEC. 25th

THE AFTER PARTY

MUSIC BY:
LEIGHTON PAUL & DJ SELF BORN

HOSTED BY:
GINA SUPREME & COURTNEY BARRETT

Wenn der Brand aus der französischen Charente wieder im Trend liegt, wenn die Nachfrage schneller als das Angebot steigt, dann verdankt die Cognacregion diesen Boom auch dem Courvoisier-Rap von P. Diddy und Busta Rhymes:

[Busta] Give me the Henny, you can give me the Cris
You can pass me the Remi, but pass the Courvoisier
[Diddy] Give me the ass, you could give me the dough
You can give me 'dro, but pass the Courvoisier
…
[Diddy] Give me some shit, you can give me the cribs
You can give me whatever just pass the Courvoisier

COURVOISIER®

Le Cognac de Napoleon®

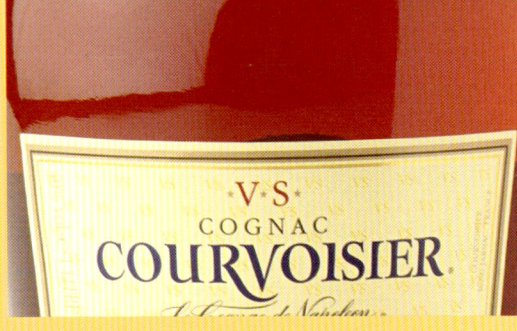

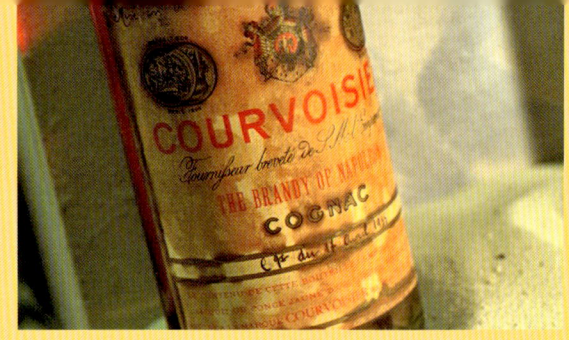

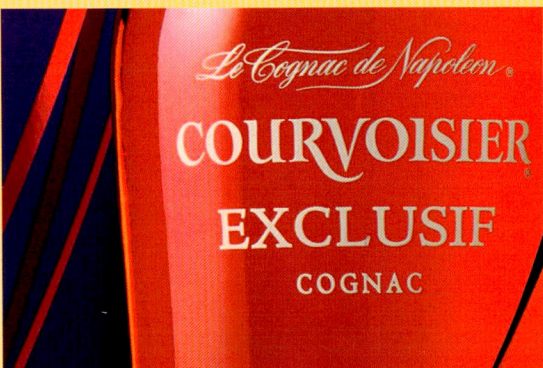

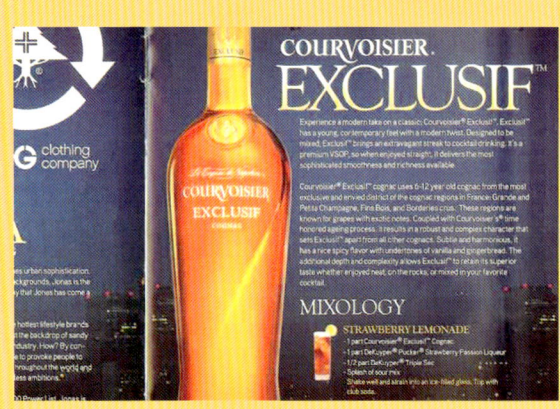

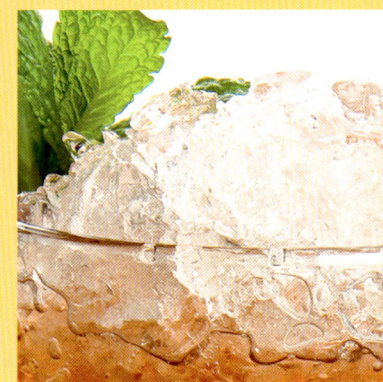

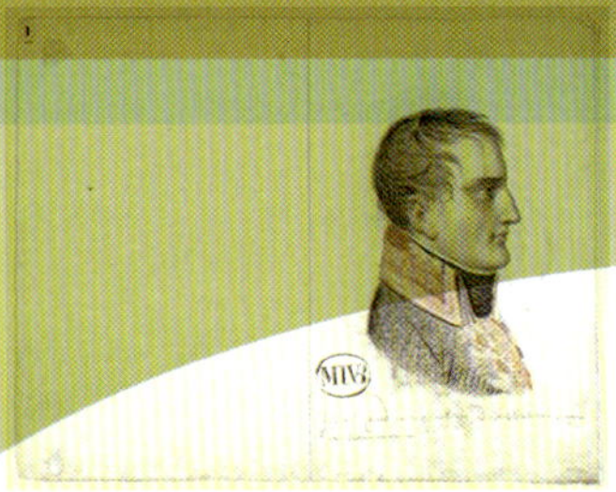

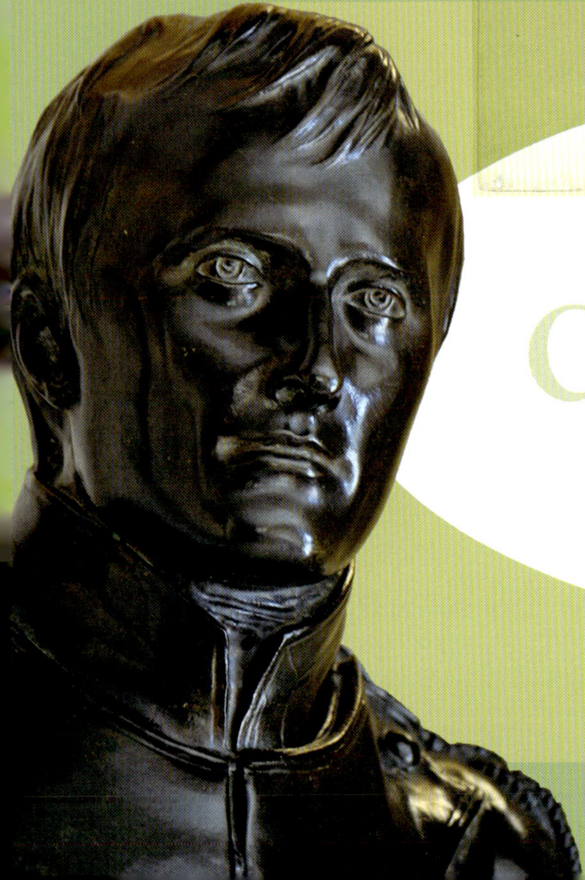

Cognac und Rap – eine kuriose Liebe

Keine Frage, die beiden Rapper P. Diddy und Busta Rhymes haben 2001 Cognacgeschichte geschrieben. Kaum war der Rap in den Charts, zogen die Cognacumsätze in den USA kräftig an. Eigentlich hätten die beiden eine Statue auf dem Dorfplatz von Cognac verdient. Wenn man letztere dort jedoch immer noch vergebens sucht, dann auch, weil das neue Vokabular für den traditionsreichen Brand den alten Adel der Region ein wenig geschockt hat. Cognac, das war mal der Drink, den alternde Genießer vor dem Kamin im Schwenker von links nach rechts bewegten. Vor gut zehn Jahren half das genießerische Schwenken den Häusern jedoch herzlich wenig. Lieferverträge wurden annulliert, man diskutierte sogar das Ausreißen von Rebstöcken. Heute sieht das wieder ganz anders aus: Cognachäuser ohne eigenes Rebland sitzen manchmal buchstäblich auf dem Trockenen.

Seit »Pass the Courvoisier« hat es über 100 Cognacraps gegeben, P. Diddy und Busta Rhymes waren lediglich die ersten. Ihnen allen ist die Pflege der Statussymbole ihres Genres gemein: hübsche Mädchen, dicke Autos, goldener Schmuck – und volle Gläser. Und so klingt es, wenn Rapper den Cognac besingen:

NAS IS COMING *(Nas featuring Dr. Dre)*
Jeep full of chickens, pull up beside, have a listen y'all, nas y'all
Fly gangsta, wavy hair teeth chipped in
My shit bump, in the courtroom drunk, links truck
Rocky bracelet, cognac kernel never chase it

SO MUCH PAIN *(Ja Rule featuring 2 Pac)*
And I don't give a fuck 'cause they don't give a fuck 'bout me
So I keep drinkin' Hennessy, bustin' at my enemies
Will I live to see twenty-three? There's so much pain

GANGSTA LEAN *(The Clipse)*
Just by the way she kiss me
Hold her wit the index and thumb tippys
Ma I'm so trippy
Hard to hold back, scent so sweet
Got to Cognac and honey wrap her this ain't drink
From Taiwanese to Amsterdam greeny green
To hydroponic that make a weak stomach vomit

TRADIN WAR STORIES *(2 Pac)*
Pardon my thug poetry, but suckers is born everyday
and fear of man – grow on trees
Criminal ties for centuries, a legend in my own rhymes
So niggaz whisper when they mention
Machiavelli was my tutor Donald Goines, my father figure
Moms sent me to go play with the drug dealers
Hits fall, we thug niggaz and we came in packs.
Every one of niggaz strapped sippin on 'nac (Cognac)
In the back, my AR-15

GZ UP HOES DOWN *(Snoop Doggy Dogg)*
My side, as I mob to the beach, on a mission, and I'm fishin'
for my DJ Warren G, now I look for the bud's sack
and see where my loves at, on the lake where the doves at
Cognac is the drink that's drank by Gs

NITRO (LL Cool J)
Play the wall or fall I stand tall you're small in fact
step aside, you might get fried
by the super technique that the rapper applied
As a matter of fact, the impact will distract
your attention away, from the rest who say
they can mess with Cool J the best of to-day
and best cause the rhymes are so funky fresh
I'ma attack smack and make em stand back
Black strong as cognac I got the knack
to rhyme to the rhythm of this, and give em a gift
that's swift, other rappers are stiff and don't riff with
Mr. Smith, cause that ain't safe

REPRESENT (Ja Rule)
Where all my gangsta niggaz at?
Supply the town with coke and Hen (Hennessey) and cuban contacts
We keep them coming back, plus the one's that copped crack
Raw cut, overdose off the feedback, alone
Intoxicated from the Cognac, charge that Al Capone suite to Ammex
Valley to Lex, that black hand is on deck
We rollin in, peelin notes off of g stacks, We Murderaz

B-TRAIN (Bravehearts)
What's happenin comrad, you ready for combat
Aint no turnin back, I drank some cognac
I watch my money stack, it's popin like dat
I broke a nigga back wit a baseball bat
I crack ya fuckin skull, you need a body bag
Ya family mad and sad, I'll be glad
Ya corpse be layed out in a blood bag
Sneak attack wit tha skee mask in tha mail

XXPLOSIVE (Dr. Dre)
Xxplosive, West coast shit
My nigguh-ish ways attract, girls that used to turn they back
Causin me to yank they arm and pose like I would do the harm
Now I'm sayin thank you cause they tell me, my shit's the bomb
Xxplosive.. ..for my niggaz drinkin Cognac, smokin weed, always pack
mo' than one, firearm, chrome rims, ridin on
Chronic in yo' system, let me know, my shit's the bomb – Xxplosive

Kein Wunder, dass bei diesen Texten den traditionsreichen Winzern der konservativen französischen Region anfangs die Ohren gebrummt haben. Doch die neuen Cognacfans wurden von den Herstellern nur kurzfristig ignoriert. Heute wird man auf der Website des Cognacverbandes BNIC (Bureau National Interprofessionnel de Cognac) sogar mit Rapmusik empfangen. »Rap ist eine künstlerische Ausdrucksform, Cognac ebenfalls«, erklärt die Pressesprecherin Claire Coates. Einer der ältesten Erzeuger, Courvoisier, rief 2003 sogar 900 Winzer und Lieferanten zur Vokabelnachschulung via Rapvideo ins firmeneigene Schloss nach Jarnac: »Henny«, »Henn-dog« oder »Henn-roc« steht für Hennessy, »Remi« für Rémy Martin, »yak« oder »nyak« ist die Abkürzung für Cognac allgemein. »Die neuen Kundenschichten mögen den Geschmack«, sagt Claire Coates. »Außerdem ist Rap eine Welt, in der es darauf ankommt, seinen Wohlstand zur Schau zu stellen.« Wider Erwarten passt das Image der oberen 10.000 der Alten Welt zur Kultur der Rapszene, die – dank ihrer Präsenz in den TV-Music-Channels – zudem Neukunden rund um den Globus zum Cognackonsum animiert. Spezialisten sehen noch ganz andere Gründe für das ungewöhnliche Cognacrevival: »Whisky wird als das Getränk der weißen Mittelklasse gesehen«, erläutert Alain Philippe vom Cognacverband BNIC die Entwicklung. »Afroamerikaner aber haben den Cognac als sichtbares Zeichen der Differenzierung angenommen.« Und so neu sei das Phänomen Cognac in der Musik auch wieder nicht: »Schließlich haben die Jazzmen Herbie Hancock und Wayne Shorter schon in den 1970er Jahren das V.S.O.P.-Quintett gegründet.« Angelehnt war letzteres an die Cognacqualitätsklasse: Very superior old pale, war bei Hancock jedoch auch die Abkürzung für »Very Special Onetime Performance«.

Inzwischen suchen die Cognachersteller ihre Zukunft wieder jenseits des Rap: »Der Rap war wichtig für die Verjüngung des Images unseres Produktes«, weiß Pierrette Trichet, Kellermeisterin von Rémy Martin. »In den USA wird das Getränk allerdings viel in der Mittelklasse verkauft. In China und Asien ist Cognactrinken inzwischen Statussymbol. In speziellen Degustationen bemühen wir uns, die neuen Kunden mit den Feinheiten des Brandes vertraut zu machen. Denn hier rechnen wir mit Wachstum, während die Wirtschaftslage in den USA uns eher besorgt stimmt.«

Ganz abseits stehen mochten die Europäer während der Boomzeit der Rap-und-Cognac-Allianz trotzdem nicht. »Starflam« aus Liège in Belgien versuchte sich in »Sueur d'alcool« (Alkoholschweiß) am Cognacrap in französischer Sprache: »Les choses s'aggravent dans ce cloaque, te rendent insomniaque paranoïaque, tu verses des larmes de cognac«. In der Kloake werden die Dinge immer schlimmer, lassen dich schlaflos und paranoid, du weinst in deinen Cognac. »Alkoholschweiß« hat im französischen Sprachraum keine Scharen von Nachahmern gefunden. Vielleicht lag das ja an den allzu zahmen Texten.

Die Russen kommen

Investoren aus Russland kaufen vermehrt Anteile an Cognachäusern. Die Cognacmacher lockt ein neuer Markt – gleichzeitig fürchten sie Fälschungen.

»Французский коньяк не просто напиток, это стиль жизни, признак успеха«

Französischer Cognac ist nicht nur ein Getränk, sondern eine Lebensart, ein Zeichen des Erfolgs.

»Le Cognac français n'est pas seulement une boisson, c'est un art de vivre, un signe de réussite«, meint Véronique Lemoine von der Ecole des Cognacs, der Cognacschule, stilecht zweisprachig in französisch und russisch, in kyrillischen Schriftzeichen.

Die Autorin eines Buches über Cognacaromen zeichnete 2009 ein treffsicheres Porträt eines neuen Phänomens. Zum einen gibt es die historischen Bindungen der Region mit Russland, schließlich hat schon Gaston Camus im 19. Jahrhundert mit Zar Nikolai II. Bären gejagt und die Protagonisten in Dostojevskis Werken genießen ein Gläschen Cognac.

Doch auch die Verkaufszahlen des russischen Marktes steigen steil nach oben: Nachdem noch im Jahr 1999 gerade mal 630.000 Flaschen Cognac in Russland abgesetzt wurden, waren es im Jahr 2008 bereits 4.780.000 Bouteillen. Allein in den Jahren 2007 und 2008 gab es für die Region Russland ein Umsatzplus von 37 Prozent.

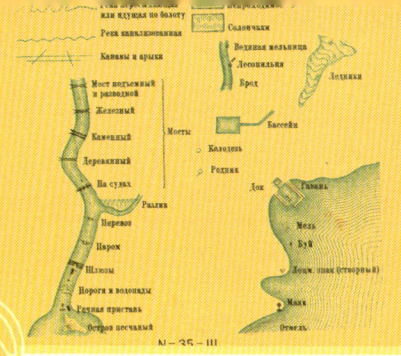

Der neue Durst nach Cognac zieht jedoch auch russische Investoren an die Charente. Seit 2004 gingen mehr und mehr Weinberge und Destillen an russische Eigner. Mit Staunen haben die Leute aus der Region verfolgt, wie 2004 eine Wodkadestille 20 Hektar altes Rebland erwarb. Weitere Weinberge und gar ein kleines Cognachaus (Croizet-Eymard) wurden vom »Russian Wine Trust« erworben. Letzterer besitzt jetzt 59 Hektar in der Grande Champagne sowie einen Weinberg im Fin-Bois-Gebiet. Eine gute Million Flaschen soll jährlich hier für den russischen Markt produziert werden. Die Moskauer MVZ-Gruppe kaufte 2007 Cognac Jenssen auf.

Die Herren der alteingesessenen Cognachäuser sind deswegen besorgt, warnen vor gefälschten Cognacs, vor Schwarzgeld, gar vor Geldwäsche und Mafia-Einfluss in der Region. Der wahre Grund ist freilich weniger dramatisch: Auslöser der Besorgnis ist das strenge französische Markenrecht, das Bezeichnungen wie Cognac und Champagne streng schützt. So wurde dem Modehaus Yves Saint-Laurent ein Parfum namens Champagne untersagt. Die Bewohner des Schweizer Dörfchens Champagne durften ihren Wein nicht mehr nach ihrem Ort benennen. In Russland jedoch gibt es Brandys namens »КОНЬЯК«. Gesprochen wird dieses Wort zu »konyak«, rein phonetisch also zu Cognac! Daran stößt sich der französische Cognacverband BNIC. Denn »КОНЬЯК« ist lediglich ein Ausdruck für Schnäpse und Brände auf Basis von Weintrauben. Meinen die Russen aber echten Cognac, reden sie eher von »französischem konyak.«

Cognaclehrerin Lemoine vergleicht das linguistische Phänomen mit anderen »Marken-Synonymen«: Ob »Tempo« für Taschentücher, »Tesa« für Klebestreifen oder – im Französischen – »Frigidaire« (eine Marke) für Kühlschrank … die Sprache des Alltags entzieht sich nationaler Regelungswut.

Nun ist der russische Konyak kein geschmacklicher Vetter des Cognacs. Auch in der russischen Presseagentur Novosti versteht man die Aufregung in der Charente nicht: »Es liegt im Interesse der russischen Investoren, in ihrer Heimat die Verbraucher über Ursprung, Herkunft und Qualitäten aufzuklären«, hieß es in einer Pressemeldung. Tatsächlich hatte der russische Investor »Kin« schon eine Ausstellung namens »Reise ins Herz des Cognacs« finanziert, um seine Produkte zu promoten. So bleibt für russische und französische Genießer einstweilen nur ein Rat: Das Etikett darf man sich ruhig genauer ansehen. Denn »КОНЬЯК« ist kein Cognac.

Die Hersteller

Gut 5.000 Winzer gibt es in den Regionen Charente und Charente-Maritime – kein Wunder, dass niemand alle Erzeugnisse der kleinen Weinbauern kennt. Die meisten Winzer sind Lieferanten der großen Marken, viele destillieren für den Eigenbedarf und verkaufen ihren Brand an Freunde des Hauses, wieder andere haben sich eine Nische gesucht, die höchstens Liebhabern bekannt ist, oder überzeugen mit einem hervorragenden Preis-Leistungs-Verhältnis.

Doch manchmal werden Sommeliers bekannter Restaurants auf einen neuen Cognac aufmerksam, dann folgen Fachhandel und Versand. Wer gute Ware liefert, bekommt schnell Bestellungen von Händlern aus dem Ausland.

Das Terrain der Supermärkte und Discounter und den permanenten Preisdruck haben die kleinen Hersteller der etablierten Konkurrenz überlassen.

Ob klein oder groß, Nische oder Supermarkt – wir stellen Ihnen über 50 interessante Destillen und ihre Produkte vor.

Bekannte und große Marken

Es gibt Cognacmarken, die gehören einfach zur Region. Weil sie außergewöhnlich alt, besonders traditionsreich oder außergewöhnlich erfolgreich sind; weil sie bestens vermarktet werden oder in bekannten Restaurants und Bars zu finden sind. Diese hier gehören jedenfalls dazu:

COGNAC BISQUIT / RENAULT-BISQUIT

Wohl berühmtester Stammkunde des Hauses Renault-Bisquit war Winston Churchill. Wann immer man ihn auf einem Bild mit einem Schwenker in der Hand sieht, ruht Bisquit in seinem Glas.

Bisquit gehört heute zur riesigen Pernod-Ricard-Gruppe, die auch Grappa, Portwein, Sherry, Tequila, Schaumweine, Whisky und sonst noch einiges Alkoholisches zu bieten hat. Die Marke verfügt über 205 Hektar Reben, einen eigenen Küfer und die mit 64 Alambics größte Destille der Region. Aushängeschild von Bisquit ist der »XO Excellence« aus 30–35 Jahre alten Cognacs der Grande und Petite Champagne.

Cognac Renault-Bisquit
Domaine Lignères
16170 Rouillac
Tel.: 0033 (0) 5 45 21 88 88
www.cognacrenault.com

COGNAC CAMUS

»Einen guten Cognac machen ist einfach. Alles, was Sie brauchen, ist ein Urgroßvater, ein Großvater und ein Vater, der es vor ihnen getan hat.« Dieses Zitat wird Jean-Paul Camus zugeschrieben. Tatsächlich kann Cognac Camus mit diesen »Hauptzutaten« dienen – gut 150 Jahre Geschichte haben ihre Spuren hinterlassen.

Camus ist eines der größten Cognachäuser, man kauft gereifte Brände bei gut 250 unabhängigen Winzern der Region. Die hauseigenen Verschnitte wurden auf vielen Messen preisgekrönt. Wahre Bestseller sind der V.S.O.P. und der X.O. Supérieur. Wer Spitzenprodukte sucht, wird unter anderem bei den Jahrgangscognacs von 1964, 1969 (angeboten unter dem Namen Pionneau), 1971 oder 1972 fündig. Oder man wählt den »Jubilée« in einer Karaffe von Designer Serge Manceau. Recht neu im Programm sind Cognacs von der Atlantikinsel Ile de Ré.

Cognac Camus
29, Rue Marguerite de Navarre
16100 Cognac
Tel.: 0033 (0) 5 45 32 28 28
www.camus.fr

COURVOISIER

Ein kleiner Napoleon mit Dreispitz ziert das Label von Cognac Courvoisier – der ist inzwischen weltberühmt, für Premiumcognacs wie den L'esprit oder den Succession ebenso wie für einfachere Qualitäten à la V.S. und V.S.O.P. Alles begann mit Emmanuel Courvoisier und Louis Gallois. Die beiden waren Weinhändler, nicht in Cognac, sondern in Bercy, damals ein Vorort von Paris, eine Art zollfreie Zone mit vielen günstigen Weinkneipen und noch mehr durstigem Publikum. Im Jahr 1811 kam auch Napoleon in ihr Weinlager. Mehrere Cognacfässer soll er mit an Bord ins Exil nach St. Helena genommen haben. Das freute auch die britischen Offiziere, die ihn begleiteten. Sie nannten den Brand »Napoleons Cognac«.

Eine Generation später, 1843, etablierte Felix Courvoisier das Haus in Jarnac. Ein weiterer Napoleon, diesmal »der Dritte«, machte Cognac Courvoisier 1869 zum offiziellen Hoflieferanten. Die Napoleonsilhouette wurde aber erst in den 1950er-Jahren auf die Flaschen gesetzt. Und so ganz genau weiß auch niemand, ob die Geschichte um das Weinlager in Bercy schön oder schön erzählt ist.

Wie auch immer, heute gehört Courvoisier zur globalen Spirituosengruppe Jim Beam. Die Cognacs werden von gut 1.000 unabhängigen Weinbauern eingekauft. Sie stammen aus den Regionen Grande Champagne, Petite Champagne, Borderies und Fins Bois.

Courvoisier SA
2, place du Château
16200 Jarnac
Tel.: 0033 (0) 5 45 35 55 55
Fax: 0033 (0) 5 45 35 55 00
www.courvoisier.com

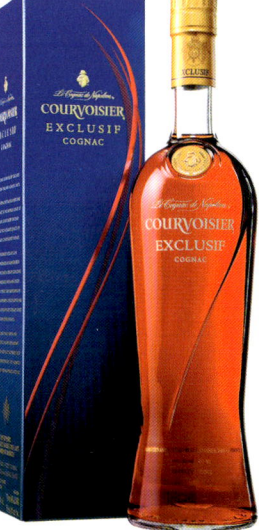

FRAPIN

Es gibt wohl kaum jemanden, der länger in der Region beheimatet ist als die Frapins. Zwanzig Generationen von Winzern. Ein Mitglied der Familie ist weltbekannt: der Schriftsteller François Rabelais, Autor von »Gargantua und Pantagruel« und Sohn von Catherine Frapin.

Über die Jahrhunderte haben die Frapins verwandtschaftliche und freundschaftliche Bande durch die gesamte Region geflochten. Heutiger Hausherr ist der über 80-jährige Max Henry Cointreau (oben im Bild mit seiner Gattin) aus der gleichnamigen Spirituosendynastie. Seine Frau Geneviève Renaud ist die Tochter von Marie Frapin. Es ist ungewöhnlich, dass ein Unternehmen so lange in der Familie bleibt. Die Cointreaus von heute kennen jedenfalls das Leben ihres Vorfahren Rabelais besser als die meisten Geschichtsbücher. Und André Renaud, Ehemann von Marie Frapin, war schon früh wegweisend mit seinen juristischen Arbeiten zur Herkunft der Weine.

Frapin verfügt über eigene Weinberge und überwacht die Qualität von der Traube bis zur fertigen Flasche. Müdem Boden gibt man sieben Jahre Ruhezeit, bevor man ihn wieder mit Reben bepflanzt. Der Cognac wird mit den Heferückständen destilliert: »Richtig gehandhabt, wird er so komplexer.« Schließlich reift der Brand zu einem Viertel in neuen Fässern aus Limousineiche und zu drei Vierteln in älteren Fässern.

Frapin bietet alle Cognacqualitäten vom V.S. angefangen. Das absolute Spitzenprodukt ist die »Cuvée 1888« aus alten Bränden der Grande Champagne. Kenner entdecken in dieser Cuvée noch die florale Note der Folle-Blanche-Traube aus der Zeit vor der Reblauskrise. Einige Frapin-Cognacs werden auch unter dem Namen »Château de Fontpinot« angeboten.

Cognac Frapin
Rue Pierre-Frapin, BP 1
16130 Segonzac
Tel.: 0033 (0) 5 45 83 40 03
Fax: 0033 (0) 5 45 83 33 67
www.cognac-frapin.com

HENNESSY

Lange Jahre hatte Hennessy ein markantes Gesicht. Firmenerbe Gilles Hennessy posierte selbst, mit ausdrucksvoller Brille und perfekter Frisur, für seine Marke. In der traditionsverbundenen Cognacregion war das ein Novum.

Hennessy blickt auf eine lange Geschichte zurück: Richard Hennessy aus Irland gründete 1765 in Cognac einen Weinhandel. Sein Sohn James begann mit dem Destillieren. Der Erfolg kam schnell, schon Ende des 18. Jahrhunderts florierte der Export. Seit 1813 heißt das Unternehmen Jas Hennessy & Co. Inzwischen gehört es zum globalen Luxuskonzern LVMH (Louis-Vuitton-Moët-Hennessy). Hennessy stellt eine Reihe von Spitzencognacs her, darunter den teuersten Brand der Welt (vgl. Seite 65). Die Marke hielt in einer Fülle amerikanischer Rapsongs Einzug und trug so zum Cognacrevival bei.

Jas Hennessy et Co
1, rue Richonne
16100 Cognac
Tel.: 0033 (0) 5 45 35 72 72
Fax: 0033 (0) 5 45 35 79 49
www.hennessy.com

HINE

Ein Schmuggler wird zum ehrlichen Geschäftsmann: Der Engländer Thomas Hine aus Dorset ließ sich 1791 in Cognac nieder. Bis dahin hatte seine Familie den Brand geschmuggelt. Jetzt wollte er ihn selbst herstellen. Zuerst blieb es beim Vorsatz: Hine wurde als englischer Spion verhaftet. Später heiratete er in ein kleines Cognacunternehmen in Jarnac ein, das ab 1817 seinen Namen trug: Thomas Hine & Co.

Hine bietet heute Cognacs vom jungen »H«-Brand bis zum »Mariage«, einem Verschnitt aus zwölf verschiedenen Grande-Champagne-Cognacs. Außerdem erhält man hier rare Jahrgangsbrände, etwa von 1957, 1975, 1981 oder 1983.

Thomas Hine et Co
16 quai Orangerie
16200 Jarnac
Tel.: 0033 (0) 5 45 35 59 59
Fax: 0033 (0) 5 45 81 63 98
www.hinecognac.com

MARTELL

Das alteingesessene Cognachaus von 1715 ist gleichzeitig eines der größten. Mit einem Jahresumsatz von 232 Millionen Euro ist Martell fast überall. Die Marke gehört mittlerweile zum weltumspannenden Pernod-Riccard-Konzern und stellt auch heute noch qualitativ hochwertige Cognacs in aufwendigen Designerflaschen her: Da gibt es einen Ritz-Cognac ebenso wie Brände in Flacons von Andrée Putman oder Serge Mansau.

Martell
7 place Edouard Martell
16100 Cognac
Tel.: 0033 (0) 5 45 36 33 33
Fax: 0033 (0) 5 45 36 33 99
www.martell.com

RÉMY MARTIN

Auch wenn das Haus heute zur Rémy-Cointreau-Gruppe gehört: Der Gründer hieß tatsächlich Rémy Martin. 1724 gründete er sein kleines Unternehmen. König Ludwig XV. gab ihm 1731 das Recht, trotz eines Verbots, Trauben anzupflanzen – eine hohe Anerkennung für eine junge Firma. Im 19. Jahrhundert folgen die ersten Grande-Champagne-Cognacs und der charakteristische Zentaur auf dem Firmenschild.

Heute stellt Rémy Martin eine breite Range von Cognacs her. Viele, wie der schon legendäre »Louis XIII.«, gehören der absoluten Spitzenklasse an. Den »Louis« findet man auch in den besten Restaurants Europas. Zusammen mit Hennessy ist Rémy Martin in der amerikanischen Rapszene beliebt. Einer hat sich sogar nach der Marke benannt: »Remy Ma« hieß bürgerlich Reminisce Smith.

Rémy Martin
20, rue Société Vinicole
16100 Cognac
Tel.: 0033 (0) 5 45 35 76 00
Fax: 0033 (0) 5 45 35 02 85
www.remy.com

Ein Streifzug durch die Cognacregion

Brände, die über die Weltmeere verschifft werden, kleine, familiäre Destillen, die über Gästezimmer verfügen, Großhändler, die ihre Cognacs durch Wissenschaftler datieren lassen. Und viele, viele qualitätsbewusste Produzenten. Die folgende Liste ist nur ein kleiner Ausschnitt aus der großen Region, denn niemand kennt wirklich alle Cognacanbieter.

COGNAC A. DE FUSSIGNY

De Fussigny wurde Mitte des 19. Jahrhunderts gegründet. Man besitzt dort zwar keine eigenen Weinberge, aber einen guten Namen. Bei Redaktionsschluss wurden im Hause gerade die Weichen neu gestellt. Patrick Giudicelli und Jean-Dominique Andreu, zwei ehemalige Mitarbeiter von Cognac Ferrand, haben den ehrwürdigen Hersteller zusammen mit dem russischen Spirituosengiganten »Aroma« gekauft. Künftig werden hier nur noch 20 Prozent Cognacs, aber 80 Prozent Brandy hergestellt und abgefüllt. Die neuen Besitzer versprechen, dass alles Material vom Kork über das Etikett bis zur Flasche weiterhin bei lokalen Lieferanten wie Valladié, Paget, Etuis Cognac, Saint-Gobain erworben wird. Im ersten Jahr der franco-russischen Partnerschaft sollen hier fünf Millionen Flaschen hergestellt werden. Dazu kommen 500.000 Flaschen »Cognac Nakhimov«, ein Einsteigerprodukt für den russischen Markt. Der Relaunch der Prestigemarke de Fussigny ist geplant.

Hier und da findet man im Handel auch noch gute, ältere Cognacs von de Fussigny.

> A. de Fussigny SAS Négociant
> 17, rue des Gabariers
> 16100 Cognac
> Tel.: 0033 (0) 5 45 36 61 36
> Fax: 0033 (0) 5 45 36 61 30
> www.adefussigny.com

COGNAC A. E. DOR

Die Initialen der Marke stehen für Amadée Edouard Dor. Letzterer gründete das Haus 1858. Er hatte schon Mitte des 19. Jahrhunderts eine Fülle großer Cognacs eingelagert, die nach langer Fassreife in die traditionellen Glasbehälter »Dame Jeanne« (eine Flaschenform) wanderten. Teilweise wurden die Brände über 70 Jahre gelagert. Einige dieser alten Cognacs ruhen heute noch im »Paradies« des Unternehmens, dem speziellen Reifekeller. Weil auch gut gelagerter Cognac mit den Jahren an Alkohol verliert, bekam Dors Schwiegersohn Deneuil 1951 die Ausnahmegenehmigung, Cognacs mit weniger als 40 Volumenprozent anzubieten.

Das Alter der Brände ist bei Dor bestens dokumentiert. Zu den absoluten Spitzenprodukten gehören Jahrgangscognacs aus dem 19. Jahrhundert wie »Roi de Rome« (König Roms) von 1811 mit gerade mal 31 Volumenprozent, »Soleil d'Austerlitz« (Sonne von Austerlitz) von 1805 mit 38 Volumenprozent. Eine weitere absolute Rarität aus der Zeit vor der Reblauskrise ist »Napoléon III. Empéreur« (Kaiser Napoleon III.) von 1858, dem Jahr der Gründung des Hauses. Daneben gibt es hervorragende »vieilles Réserves« wie die »N° 11«, deren jüngster Brand ein wenig älter als 70 Jahre ist. Recht neu im Sortiment ist außerdem ein Cognac für Zigarrenfreunde, der anders als in der Region üblich in neuen Fässern gelagert wurde. Letztere haben ihm eine stärkere Holznote gegeben, die nach Ansicht des Kellermeisters ausnehmend gut zu Zigarren passt.

A. E. Dor
4bis, rue Jacques Moreau
16200 Jarnac
Tel.: 0033 (0) 5 45 36 88 68
Fax: 0033 (0) 5 45 36 88 66
www.aedor.com

COGNAC AUDRY

In Pariser Restaurants und Bistros wird Audry gern als Digestif gereicht. Das winzige Cognachaus von 1878 hat in der Gastronomie einen besonders guten Ruf. Und der ist nicht von gestern. Schon 1898 hieß es in »Cognac illustré«, Audrys Erfolg sei »ohne Zweifel perfekten Destillationsmethoden geschuldet«. Nach dem Tod von Eigner Aristide Boisson wurden jahrzehntelang keine Cognacs verkauft. Alte Brände durften so noch älter werden. Ende der 1970er-Jahre war Audry dann wieder da. Die Hausreserve wird unter den Namen »Mémorial Fine Champagne«, »Exception Fine Champagne« und »Très Ancienne Grande Champagne« verkauft.

Audry A. Edmond Cognac
Fief Gallet
17460 Thénac
Tel.: 0033 (0) 5 46 92 65 38
www.cognac-audry.com

COGNAC BERTRAND

Schon seit 1731 gehört dieses Weingut der Familie Bertrand. Deren Cognacs wurden bereits auf der Foire de Liège 1905 und auf der Agrarmesse Bordeaux 1907 ausgezeichnet. Zum Familienerbe gehören besonders gut gereifte »Hors d'âge-Cognacs«, die nur noch in geringen Stückzahlen verkauft werden. Familie Bertrand bietet auch einen guten Pineau de Charentes aus Traubenmost und Cognacs der Petite Champagne.

Domaine des Brissons de Laage
Famille Bertrand
17500 Réaux
Tel.: 0033 (0) 5 46 48 09 03
Fax: 0033 (0) 5 46 48 15 46
bertrand4@wanadoo.fr
www.abrege.com/cognac-bertrand/

COGNAC BOUTINET

Die alte Kutsche von Großvater Paul Boutinet schmückt jedes Etikett. Seit 150 Jahren ist die Familie im Cognacgeschäft. Doch erst seit den 1970er-Jahren bietet Bernard Boutinet seine Fins-Bois-Cognacs unter eigener Marke an. V.S.O.P., Napoleon, X.O. und Extra werden in verschiedensten Karaffen angeboten. Die gastfreundliche Familie Boutinet zeigt ihre Domaine auch gern Besuchern. Eine Stunde vor dem Besuch sollte man sich telefonisch anmelden.

Bernard Boutinet
La Soloire sarl
Le Brissonneau
16370 Breville
Tel.: 0033 (0) 5 45 80 86 63
Fax: 0033 (0) 5 45 80 86 75
www.cognacboutinet.com

COGNAC BLANLEUIL

Ferien auf der Destille – bei Blanleuil kann man nicht nur Cognac genießen, es gibt auch Ferienwohnungen für sechs bis acht Personen und sogar ein Schwimmbad. Gut 30 Hektar Rebland bewirtschaftet die Familie; Destillierkolben und Winzergeräte aus Großvaters Zeiten hat man gesammelt und liebevoll ausgestellt. Vom V.S.O.P. bis zum X.O. reicht das Sortiment, die hauseigenen Brände sind vergleichsweise preiswert. Auch Pineau de Charentes gibt es – in Weiß und Rosé.

Sarl Blanleuil et fils
Chez Beillard
16300 Criteuil la Magdeleine.
Tel.: 0033 (0) 5 45 80 52 01
contact@chezbeillard.com
www.chezbeillard.com

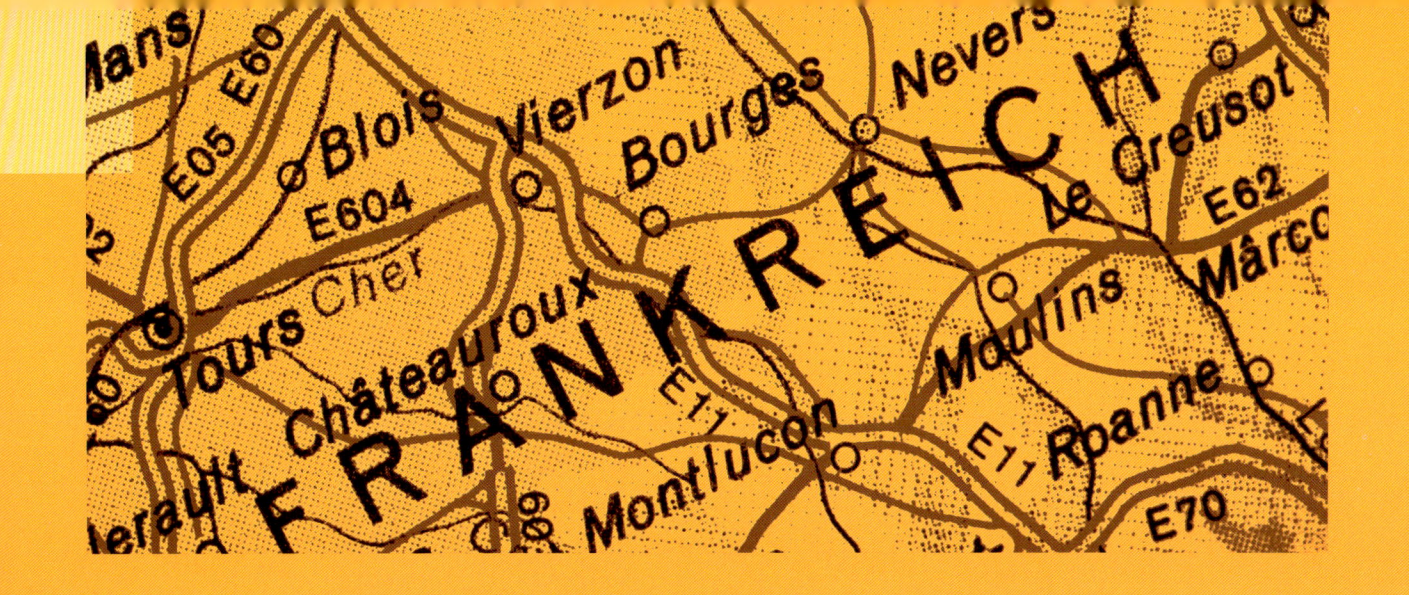

COGNAC BRAASTAD / BRAASTAD-TIFFON

Der Norweger Swerre Braastad kam 1899, im Alter von 20 Jahren, nach Cognac. Bei Cognac Bisquit fand er nicht nur Arbeit, sondern lernte auch seine zukünftige Frau kennen: Edith Rousseau, die Erbin von Cognac Tiffon. Cognac gab es also genug, als Braastad und Madame ihre eigene Destille gründeten. Heute sitzt das Unternehmen im Schlösschen »Château de Triac«. Sverre Braastad hat es 1946 erworben. Das Spitzenprodukt der Nachfahren des Exilnorwegers heißt dann auch »Château de Triac – Réserve de la famille« und besteht aus mehr als 50-jährigen Cognacs.

> **Cognac Braastad**
> **20 quai Orangerie**
> **16200 Jarnac**
> **Tel.: 0033 (0) 5 45 80 00 66**
> **Fax: 0033 (0) 5 45 80 02 12**
> **www.braastad-cognac.com**

COGNAC BRILLET

Die Geschichte der Familie Brillet ist fast so alt wie die der doppelten Destillation: 1656 stellte Guy Brillet seinen ersten Destillierkolben auf. Rund 65 Hektar Rebland gehören der Familie heute. Von dort stammen nicht nur Cognacs wie die »Réserve limité« aus Grande-Champagne-Cognac. Auch ein paar rare Flaschen »Grand Siècle« aus fast 100-jährigen Cognacs sind noch vorrätig. Daneben führt Brillet nicht nur Liköre und Pineau, das Haus ist auch einer der Pioniere in Sachen Wein aus der Charente: Der Maine des Aireaux aus den Rebsorten Merlot und Cabernet Sauvignon ist eine kleine Rarität.

> **Maison Brillet**
> **Les Aireaux**
> **16120 Graves St-Amant**
> **Tel.: 0033 (0) 5 45 97 05 06**
> **www.brillet.fr**

COGNAC CHABASSE

In besonders aufwendigen Karaffen von Baccarat präsentiert Chabasse seine Erzeugnisse. Eine ausgewogene Mischung aus Petite-Champagne- und Fins-Bois-Cognacs. Das Haus vermarktet auch eine zweite Linie unter dem Namen Bowen, deren Packaging an die Tage erinnert, als Reisen noch ein Abenteuer war. Zu Bowen gehören auch Aperitifs und Longdrinks auf Cognacbasis.

Cognac Chabasse
51 Rue Elysée Loustalot
17412 St. Jean d'Angély
Tel.: 0033 (0) 5 46 32 11 48
Fax: 0033 (0) 5 46 32 14 83
www.chabasse.com

COGNAC CHAINIER

Cognac und Pineau de Charente bietet Dominique Chainier seinen Kunden. Der Destillateur und Winzer bietet neben seinen Petite-Champagne-Cognacs auch einen Grande-Champagne-Cognac aus eigenem Anbau, den gut 15 Jahre gelagerten »XO Réserve Grande Champagne«. Spitzenprodukt des Hauses bleibt der 25 Jahre alte »Très Vieille Réserve«, ein Petite-Champagne-Cognac mit Aromen von Trauben und Nüssen.

Chainier fühlt sich der Tradition verpflichtet und verdünnt seine Cognacs besonders langsam und schonend. So wird aus dem Destillat, einem gut 70-prozentigen Rachenputzer, ein feiner Brand ohne seifigen Beigeschmack. Die Preise seiner Petite-Champagne-Cognacs liegen vergleichsweise niedrig. Wer die Domaine kennenlernen möchte findet hier auch drei Gästezimmer. Manchmal öffnet die Familie ihr Terrain auch für Besucher in Wohnwagen. Dann kocht Dominique Kaninchen in Pineau und erklärt den Besuchern das Métier des Destillateurs.

Cognac Chainier
La Barde Fagnouse
17520 Arthenac
Tel.: 0033 (0) 5 46 49 12 85
Fax: 0033 (0) 5 46 49 18 91

COGNAC CHARPENTRON

Ein gewisser Jacques Rénier begann 1764 hier Handel mit den »Négociants« (den Händlern) von Cognac zu treiben. Später wurde auf der immerhin 130 Hektar großen Domaine auch selbst destilliert. Knapp 100 Jahre später wurde der Cognac von der »Clos de Mérienne« auch außerhalb der Landesgrenzen getrunken. Heute gehören der Familie Charpentron 30 Hektar Rebland in der Grande Champagne. Angebaut werden nicht nur Ugni-Blanc- und Colombardtrauben, sondern auch Cabernet Franc und Cabernet Sauvignon sowie Merlot. Die beiden Cabernets werden zu einem Rosé-Pineau, der Merlot hingegen zu einem Pineau Rubis. Letztere kommen unter dem Namen »Domaine de Mérienne« auf den Markt. In Sachen Cognac findet man hier alle Preis- und Güteklassen zwischen fünf und 35 Jahren Lagerung.

Cognac Charpentron
BP 87
Gondeville
16200 Jarnac
Tel.: 0033 (0) 545 81 13 27
Fax: 0033 (0) 545 81 74 30
www.cognac-charpentron.com

COGNAC CHÂTEAU DE MONTIFAUD

Seit sechs Generationen ist diese Domaine in Familienhand. Auf Montifaud verfügt man über 90 Hektar Reben in guten Lagen der Grande und Petite Champagne. In den Kellern lagern noch rare Brände aus den 1920er-Jahren. Hier findet man Jahrgangscognacs von 1975 aufwärts ebenso wie Spitzenprodukte wie die »Héritage Maurice Vallet«, aus Bränden vom Ende des 19. und Anfang des 20. Jahrhunderts. Dieser wird für seine Aromen von Lakritze, Gewürzen und Leder zu Recht gelobt. Ihren Blumencharakter und ihre Komplexität entfalten die Brände von Château de Montifaud erst nach längerer Zeit. Doch dank des Bodens und der handwerklichen Verarbeitung sind sie stets von außergewöhnlicher Eleganz und Intensität.

Château de Montifaud
17520 Jarnac-Champagne
Tel.: 0033 (0) 5 46 49 50 77
Fax: 0033 (0) 5 46 49 54 87
www.chateau-montifaud.com

COGNAC COUPRIE

Seit 1730 gibt es Couprie in Ambleville. Das Haus verfügt noch über Dokumente von Firmengründer Pierre Couprie. Die Cognacs »Hors d'Age« und »XO Très vieille Réserve« sind die besten Produkte der Domaine. Daneben gibt es einen reputierten weißen »Pineau de Charentes«, einen goldfarbenen, gut gealterten »Pineau Extra vieux« sowie Liköre in den Geschmacksrichtungen Himbeere, Birne, Orange, Aprikose, Kaffee und Mandeln. Letztere sind eher für Cocktails geeignet.

Cognac Couprie
La Roumade
16300 Ambleville
Tel.: 0033 (0) 5 45 80 54 69
Fax: 0033 (0) 5 45 80 53 40
www.cognac-couprie.com

COGNAC CROIZET

»Das Familienoberhaupt« nennt man hier respektvoll den edlen Cognac »Excellence«. Und das Familienoberhaupt ist immerhin gute 50 Jahre alt. Neben den älteren Cognacs stellt das Haus mit 30 Hektar Rebfläche in den Fins Bois auch unkomplizierte, junge V.S.-Cognacs für Cocktails her. In guten Fachgeschäften findet man obendrein manchmal noch Jahrgangscognacs des Hauses aus den 1960er-Jahren.

Cognac Pierre Croizet
Lantin
16200 Triac Lautrait
Tel.: 0033 (0) 5 45 35 88 10
Fax: 0033 (0) 05 45 35 88 39
cognacpierrecroizet@netcourrier.com
www.croizet.com

COGNAC DELAMAIN

Der Ire James Delamain tat sich 1759 mit seinem Schwiegervater Jean-Isaac Ranson zusammen, um gemeinsam Cognac zu produzieren. Einer seiner Nachfahren, Robert Delamain, erzeugte nicht nur gute Brände, sondern legte mit »L'Histoire de Cognac« (Die Geschichte des Cognacs) ein höchst lesenswertes Buch vor. Heute kauft das Haus Delamain gute, gereifte Brände von Winzern aus der Grande Champagne. Die Brände lagern in alten Eichenholzfässern, gut 350 Liter passen in ein solches Fass. Der bernsteinfarbene »Très venérable« mit Aromen reifer Früchte und Gewürze gehört zu den besten Produkten Delamains. Auch Jahrgangscognacs werden von Delamain angeboten. Noch sind diese Raritäten zu recht humanen Preisen zu haben.

Delamain & Cie
7, rue Jacques et Robert Delamain
16200 Jarnac
Tel.: 0033 (0) 5 45 81 08 24
Fax: 0033 (0) 5 45 81 70 87
www.delamain-coganc.fr

COGNAC DUBINY

Jean Dubiny, der Mann, der das kleine Cognachaus ein wenig größer gemacht hat, ist inzwischen in Rente. Seine Brände sind rustikal, mit Aromen von Leder, Rancio und Wachs. Die Borderiescognacs aus Winzerhand fallen höchst individuell aus, jedes Fass schmeckt ein wenig anders. Begehrt ist sein »Vieux Cognac 45°«.

Cognac Dubiny
10, Fontaine de Pouvet
17770 Burie
Tel.: 0033 (0) 5 46 94 91 78
Fax: 0033 (0) 5 46 94 99 69

COGNAC DUPUY / COGNAC BACHE-GABRIELSEN

Auguste Dupuy gründete das Haus 1852. Genau 53 Jahre später wurde es an die beiden Norweger Peter Rustad und Thomas Bache-Gabrielsen verkauft. Seitdem gibt es hier gleich zwei Marken. Bei »Rustad & Bache-Gabrielsen« wurde nach dem Ableben des erstgenannten Mitgründers der Name verkürzt.

Die Cognacs stammen aus der Grande und Petite Champagne sowie dem Fins-Bois-Gebiet. Hier reicht das Angebot von einfachen V.S.-Cognacs bis zum Hors d'Age Grande Champagne aus 90 Prozent Ugni-Blanc- sowie zehn Prozent Colombard- und Folle-Blanche-Trauben. Dieser Brand reift gut 50 Jahre lang in Eichenholzfässern und wurde bei der »International Wine & Spirit Competition« in London 2000 und 2004 mit einer Goldmedaille ausgezeichnet. Auch der 1966er Jahrgangscognac ist hervorragend geraten.

Cognac Dupuy
32, Rue Boston
16100 Cognac
Tel.: 0033 (0) 5 45 32 07 45
www.cognac-dupuy.com

COGNAC ESTEVE

Jacques Esteve ist der Erbe eines traditionsreichen Cognachauses: Sieben Generationen kümmerten sich um die 45 Hektar Reben in der Petite Champagne. Die Cognacs von Urgroßvater Adrien wurden auf der Weltausstellung 1900 gar mit einer Goldmedaille ausgezeichnet. Das scheint eine Tradition begründet zu haben. Auch die heutigen Topcognacs von Esteve wie »Réserve Ancestrale« und »Très vieux Cognac de la propriété« wurden mehrfach ausgezeichnet: in Paris, Shanghai, Brüssel und London. Das gilt auch für den Pineau. Besonders der »Très vieux Pineau Blanc« hatte es den Verkostern angetan. Er schmeckt hervorragend zu Käse oder Foie Gras.

Cognac Esteve
17520 Celles
Tel.: 0033 (0) 5 46 49 51 20
Fax: 0033 (0) 5 46 49 25 57
contact@cognac-esteve.com
www.cognac-esteve.com

COGNAC FORGERON

Michel Forgeron gilt als Urgestein der Region: Als er 1960 das Gut seines Vaters erbte, verfügte er über vier Hektar Land, zwei weitere Hektar Reben sowie über ein Pferd. Michel krempelte die Ärmel hoch, bestückte die vier Hektar mit Rebstöcken. Die Scheune wurde zum Keller, das erste Alambic kaufte er 1966. Was aus dem Pferd wurde, weiß man nicht mehr so genau. Langsam wurde das Gut auf 24 Hektar vergrößert. Der alte Destillierkolben ist immer noch in Betrieb, auch wenn er weit kleiner ist als die heute verbreiteten Modelle: elf Hektoliter statt 25. Auch wenn die Reben hier jünger sind als anderswo, arbeitet Forgeron nach bester Handwerkskunst der Region. Und mit den Cognacs »Héritage« und »Hors d'Age« verfügt er inzwischen auch über Premiumerzeugnisse. Seine V.S.- und Drei-Sterne-Cognacs empfiehlt Forgeron für Longdrinks und Cognacs.

Cognac Forgeron
Chez Richon
16130 Segonzac
Tel.: 0033 (0) 5 45 83 43 05
www.cognacforgeron.com

COGNAC GAUTIER

Familie Gautier verfügte ursprünglich über Eichenwälder, deren Holz für Cognacfässer verwendet wurde. Daran änderte auch die Hochzeit von Charles Gautier mit der Winzertochter Jacquette Brochet zunächst nichts. Erst sein Enkel Louis bekam 1755 die königliche Erlaubnis, selbst zu destillieren.

Der »Tradition Rare« des Hauses, ein X.O.-Cognac, wurde mehrfach auf Spirituosenmessen ausgezeichnet. Jede Flasche dieses Spitzenprodukts ist nummeriert.

Auch das Haus, in einer fotogenen ehemaligen Wassermühle, ist sehenswert. Bei den günstigeren Bränden setzt Gautier auf originelles bis kitschiges Packaging. Die Basisqualitäten bekommt man zum Beispiel auch in einer Seemannslampe oder inmitten eines Steuerrads.

Cognac Gautier
28, rue des Ponts
16140 Aigre
Tel.: 0033 (0) 5 45 21 10 02
Fax: 0033 (0) 5 45 21 24 37
www.cognac-gautier.com

HARDY
COGNAC

COGNAC GODET

Urahn Bonaventure Godet war ein holländischer Händler. In Richtung Frankreich war Salz geladen, auf der Rückfahrt wurde gebrannter Wein aus der Cognacregion mitgenommen. 1550 ließ er sich in der Region nieder. Seine Nachfahren gründeten 1782 das Cognachaus. Auf diese Tradition – und die alten Cognacs – ist man hier stolz. Der Godet »Hors du Temps« aus dem Jahrgang 1900 wurde 2005 von der »Revue des Vins de France« mit vier von fünf Sternen ausgezeichnet. »Eine sehr schöne alte Dame, die man gern ans Kaminfeuer einlädt«, meinten die Tester. Die Rarität gibt es noch, ist aber nur selten käuflich erhältlich. Doch auch der Jahrgang 1968 mit Pflaumen- und Rosenaromen ist bestens geraten. Bei Godet wird häufig mit Folle-Blanche-Trauben gearbeitet. Dies war die wichtigste Traubensorte im Cognacgebiet vor der Reblauskrise. Heute gibt es nur noch etwas mehr als 300 Hektar Folle Blanche. Die Brände dieser Traube gelten auch in jungen Jahren als besonders sanft.

Übrigens: Unter dem Namen »Maxime Godet« produziert das Haus in Verzy auch Champagner.

Cognac Godet
34, Quai Louis Durand
17003 La Rochelle
Tel.: 0033 (0) 546 411 066
Fax: 0033 (0) 546 505 990
www.cognacgodet.com

COGNAC HARDY

Eines der diskretesten Cognachäuser – Jacques Hardy – haut für seine Brände nicht auf die Werbetrommel. Die Qualität spricht für sich. Hier gibt es noch einige der ältesten Cognacs überhaupt, in pompösen Glasflakons unter dem Namen »Hardy Perfection«. Sie stammen noch von Bränden, die Firmengründer Anthony Hardy einlagerte. Der nämlich zog 1863 von London nach Cognac, um die Qualität seiner Produkte strenger zu kontrollieren, und wurde fortan Antoine genannt. In späteren Jahren machte ihm besonders der Protektionismus seines Heimatlandes zu schaffen. Hardy steht auch heute noch für erstklassige Spitzenprodukte wie die »Rosenknospe«, eine Karaffe aus Daum-Kristall, mit Cognacs aus der Zeit nach dem Zweiten Weltkrieg oder die »Noces de Perle«, ein Verschnitt aus zehn verschiedenen Grande-Champagne-Cognacs mit einem Mindestalter von 30 Jahren.

Cognac Hardy
142, Rue basse de Crouin
16100 Cognac
Tel.: 0033 (0) 5 45 82 59 55
www.hardycognac.fr

COGNAC JEAN FILLIOUX

Rund 25 Hektar in der Grande Champagne gehören der Familie Fillioux. Angelegt hat den Weinberg Honoré Fillioux um 1880. Der war nicht nur Winzer und Destillateur, er arbeitete auch mit Professor Ravaz am Projekt »33 école«, einer Rebsorte, die der Reblaus widerstand. Letztere zerstörte zu Fillioux' Lebzeiten nicht nur die Weinberge der Charente.

Im Programm sind derzeit ein recht fruchtiger Cognac, Jahrgang 1990, von dem nur 2.088 Flaschen abgefüllt wurden (ein »XO Impérial«) sowie eine »Réserve familiale« mit Aromen von Leder, Pflaumen und Rancio. Bei Fillioux wird auch ein Cognac mit dem Namen des bekannten Pariser Cabarets »Moulin Rouge« erzeugt. Parallel dazu bietet die Familie eine Reihe von Cognacs für Zigarrenliebhaber, mit Namen wie »Cigar Club«, »Star Gourmet« oder »La Pouyade« an.

Cognac Jean Fillioux
Domaine de la Pouyade
16130 Juillac-le-Coq
Tel.: 0033 (0) 5 45 83 04 09
Fax: 0033 (0) 5 45 83 06 46
www.le-cognac.com

COGNAC KELT

Was, sie kennen Kelt nicht? Und der Name klingt so überhaupt nicht französisch in ihren Ohren? Kein Wunder: Der Schwede Olev Kelt gründete das Haus in den 1980er-Jahren. Kelt kaufte nicht nur alte Brände bis zum Jahr 1842, um über das nötige Grundmaterial zum Verschneiden zu verfügen. Er erinnerte sich daran, dass Cognac stets per Schiff in Eichenholzfässern reiste. Und das eben diese Schiffsreise zum Beispiel dem Aquavit unbestrittene Qualitäten verleiht. Also schickt Kelt seine Cognacs auf eine maritime Weltreise, die drei bis vier Monate dauert. Die Fässer sind dabei nur zu 70 Prozent gefüllt, um dem Brand Raum zur Bewegung zu geben. Für den Cognac ist die Seereise eine Radikalkur: Konstanter Kontakt mit dem Holz! Temperaturschwankungen von zehn Grad bis 65 Grad innerhalb des Containers! Permanente Schwankungen des Luftdrucks! Kelt selbst sagt, dass sein Cognac durch die »Tortur« geschmacklich gesehen gut 35 Jahre altert. Auf seiner Website kann jeder die Reiserouten der Schiffe betrachten. Skeptisch waren zunächst die Kollegen. Konnten Seereisen wirklich die Qualität von Cognac beeinflussen? Eine Degustation 1990 überzeugte auch die Kritiker. Inzwischen wurde Kelts Cognac »Petra« mit der Platinum Medal der »World Spirits Championship« ausgezeichnet. Deren Mahagoni-Farbton wird ebenso gelobt wie ihr Duft von Jasmin und Narzissen, Vanille, Sandelholz, Litschis, Safran, Orange und Ingwer. Noch besser, aber nur selten zu finden, ist der »Les quatre Vents«: 2.800 Flaschen einer Spezialcuvée, die 1990 für Kelt und seine Familie vermählt wurden. Auch das Urmodell der bauchigen Karaffen stammt von den alten Seefahrern. Die Flaschen sollten bei hohem Seegang nicht kippen, das erklärt ihre Form.

Kelt International SARL
12 Avenue des Sports
32110 Nogaro
Tel.: 0033 (0) 5 62 09 98 18
Fax: 0033 (0) 5 62 09 96 14
info@keltcognac.com
www.keltcognac.com

COGNAC LAFRAGETTE

Lafragette bietet in kleinen Flaschen (200 Milliliter) Cognackostproben aus allen Anbaugebieten. Erfolgreich ist das Haus, beziehungsweise sein Besitzer, die L&L-Gruppe, besonders in den USA. Vom »Alizé«, einem Cocktail aus Cognac und Passionsfruchtsaft, werden dort 700.000 Kisten abgesetzt. Ob das neue »X.O.-Bier«, eine Mischung aus Bier und Cognac, diesen Erfolg wohl wiederholen kann? Diese Mixgetränke sind zwar nichts für Puristen, angesichts der zahlreichen Cognacs, die zu diversesten Cocktails gemischt werden, freilich auch nicht schockierend. Im Juli 2008 hat die amerikanische Kobrand-Gruppe bei Lafragette die Kontrolle übernommen.

L&L
Z.I. de Boé
47550 Boé
Tel.: 0033 (0) 5 53 77 44 77
Fax: 0033 (0) 5 53 96 36 70
www.le-cognac.com

COGNAC LA GABARE

Auf La Gabare wird kein Cognac hergestellt. Jean Grosperrin, ein ehemaliger Großhändler, selektioniert stattdessen erstklassige Brände. Und das tut er mit seltenem Enthusiasmus. Grosperrin, der das Unternehmen 1992 gründete, wunderte sich, wie historische Brände manchmal in Verschnitten untergehen. Er wollte die staatlich ohnehin schon stark überwachte Cognaclagerung noch transparenter machen. Dafür lässt er historische Brände nach der C14-Methode beim unabhängigen Forschungszentrum CNRS in Villeurbanne datieren. Und natürlich fügt er weder Zucker noch Karamell hinzu. Ein Gerichtsvollzieher, französisch »huissier«, überwacht jede Manipulation seiner Flaschen. Grosperrin kennt den Ursprung all seiner Flaschen, weiß, dass die 1.735 Liter »Grande Champagne 24« vom Anfang des 20. Jahrhunderts von der Witwe eines Händlers stammen. Oder, dass der »Petite Champagne N° 14 Paror« schon 1946 in den Archiven eines Großhändlers auftauchte. Weil es von letzterem nur noch 210 Liter gab, verkauft Grosperrin gerade 25 nummerierte Flaschen pro Jahr. Ehrlichere und ursprünglichere Cognacs sind schwer zu finden.

La Gabare SA
17460 Chermignac
Tel.: 0033 (0) 5 46 90 48 16
www.lagabare.com

COGNAC LEFOULON

Vier Generationen der Familie Lefoulon standen in diesen Weinbergen. Gerade mal zwei Cognacs werden hier destilliert. Der florale V.S.O.P. mit zarten Blumenaromen und der runde, bernsteinfarbene »Vieille Réserve« mit Aromen von Rancio und trockenen Früchten. Lefoulons Weinberge liegen in der Petite Champagne und sind mit Ugni-Blanc-Trauben bepflanzt. Sie tragen die Appellation »Petite fine Champagne«.

Cognac Lefoulon
Chez les Bonnets
16300 Saint-Bonnets
Tel.: 0033 (0) 5 45 78 13 78
Fax: 0033 (0) 1 46 86 23 78
cognac@lefoulon.fr
www.lefoulon.com

COGNAC LÉOPOLD GOURMEL

Erst seit 1972 gibt es diesen Cognac. Pierre Voisin, der das Unternehmen mit Olivier Blanc gründete, hat ihn nach seinem Großvater benannt. Die aromatischen Brände tragen Namen wie »Erste Aromen«, »Zeit der Früchte«, »Blumenzeit«, »Gewürzzeit« und »Quintessence«. Synonyme für die typischen Alterungsstufen des Cognacs. Hier gibt es auch Jahrgangscognacs wie den »Grand Champagne 1969«.

Léopold Gourmel
La Couture
16130 Gente
Tel.: 0033 (0) 5 45 83 76 60
Fax: 0033 (0) 5 45 35 41 92
www.leopold-gourmel.com

COGNAC LEYRAT
DOMAINE DE CHEZ MAILLARD

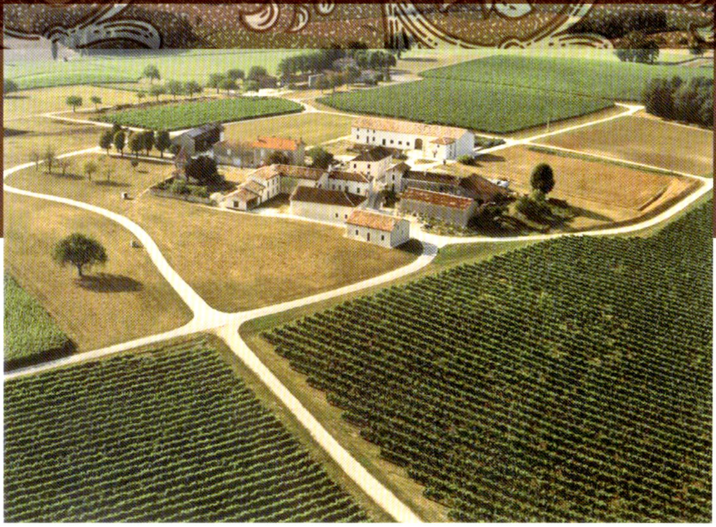

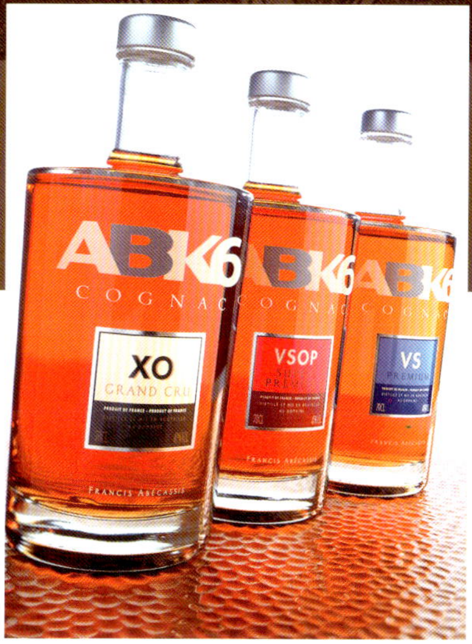

COGNAC LEYRAT

Seriöses Cognachaus mit dem klassischen Sortiment vom V.S. bis zum X.O.. Die Leyrat-Cognacs »XO Vieille Réserve« und »XO Elite« werden regelmäßig auf der britischen »International Wine & Spirits Competition« sowie der »Mondial de Bruxelles« ausgezeichnet. Inhaber François Abécassis ist multiaktiv: Neben Leyrat besitzt er eine Range von »Szenecognacs« für Cocktails unter dem Namen »ABK6« (phonetische Schreibweise seines Namens) sowie die traditionelle Marke »Reviseur«, die vor allem in Skandinavien und Osteuropa verbreitet ist.

Cognac Leyrat
SNC du Maine Drilhon
Domaine de chez Maillard
16440 Claix
Tel.: 0033 (0) 5 45 66 35 72
Fax: 0033 (0) 5 45 66 48 34
www.cognac-leyrat.com

COGNAC LHÉRAUD

Das Haus Lhéraud hat über die Jahrzehnte verschiedene höchst begehrte Jahrgangscognacs erzeugt. Die gibt es heute noch bei guten Importeuren und Händlern, nicht aber in der Erzeugerdomaine selbst. Seit 1875 werden hier Cognacs gebrannt, zuerst von Eugène Lhéraud. Die gut 80 Hektar Rebstöcke liegen in der Petite Champagne, angebaut wird größtenteils Ugni Blanc. Lhéraud ist Lieferant des britischen House of Lords und des Elysées-Palastes (des Sitzes des französischen Staatspräsidenten). Inzwischen interessieren sich auch mehr und mehr russische Kunden für Lhérauds Jahrgangsbrände. Erste Degustationen in St. Petersburg waren ein voller Erfolg.

Cognac Lhéraud
Lasdoux
16120 Angeac Charente
Tel.: 0033 (0) 5 45 97 12 33
Fax: 0033 (0) 5 45 62 51 96

COGNAC LOUIS ROYER

Es ist eine typische Geschichte aus Cognac: Louis Royer, Sohn eines Steinmetz, eröffnet seine Destille 1853. Und weil er davon allein nicht leben konnte, ging er wie schon sein Vater und Großvater nebenbei dem Imkerhandwerk nach. So findet sich die Biene im Wappen der Cognacmarke wieder. Angeblich verglich er auch gerne den Cognac mit seinen Bienenstöcken. So wie die Biene den Honig sucht, muss er die Brände suchen – ein allerdings etwas weit hergeholter Vergleich.

Schon früh interessierte Royer sich für den Export, bereiste besonders die skandinavischen Länder. Heute verkauft das Unternehmen Royer jährlich über 200.000 Kisten Cognac, macht zusammen mit Brandy, Likören und Wodkas gut 31 Millionen Euro Umsatz. Vom V.S. bis zum 32-jährigen »Grande Champagne Louis Royer« reicht das Sortiment. Daneben gibt es eine interessante »Distilleries Collection«, die pro Anbaugebiet einen Cognac bietet: Grande Champagne, Petite Champagne, Borderies, Fins Bois und Bons Bois sind alle vertreten.

Louis Royer SA
27 Rue du Chail
BP 12
16200 Jarnac
Tel.: 0033 (0) 5 45 81 02 72
Fax: 0033 (0) 5 45 81 34 26
cognac@louis-royer.com
www.louis-royer.com

COGNAC MARNIER

Marnier, vor allem als Likörmarke »Grand Marnier« bekannt, verfügt auch über Cognacs. Etwa den »Marnier XO« aus Grande-Champagne-Trauben, ein Verschnitt aus 30 guten Cognacs mit deutlicher Rancionote. Auch ein V.S. und ein V.S.O.P. sind erhältlich.

> Grand Marnier
> 91, bd Haussmann
> 75008 Paris
> Tel.: 0033 (0) 1 42 66 43 11
> Fax: 0033 (0) 1 42 66 57 13
> www.grand-marnier.com

COGNAC MENUET

Auch wenn es das Haus Menuet erst seit 1850 gibt – die Trauben der Region hütete die Familie schon seit 1680. Der »Hors d'age Grande Champagne« auf Basis 50-jähriger Cognacs ist der Stolz des Hauses.

> Cognac Menuet
> La Tonnelle
> BP 24
> 16720 Saint Même Les Carrières
> Tel.: 0033 (0) 5 45 81 99 78
> Fax: 0033 (0) 5 45 81 96 37
> info@cognac-menuet.com
> www.cognac-menuet.com

COGNAC MERLIN

Merlin ist einer dieser kleinen Cognacs, den man öfter in Spitzenrestaurants als im Spirituosenhandel sieht. Tatsächlich liest sich die Liste der Kunden von Laurent Merlin eindrucksvoll: In Paris gehören die Restaurants Laurent, Le Meurice, Le Grand Véfour, Le Pré Catalan und Taillevent ebenso dazu wie die Nationalversammlung, der Senat und das Wirtschaftsministerium. In der französischen Provinz wird Merlin unter anderem im Byblos in Saint Tropez, im Relais Bernard Loiseau in Saulieu, im L'Oustau de Baumanière in Les Baux de Provence, im Alain Chapel in Mionnay, bei Troisgros in Roanne, bei Pic in Valence oder bei Bocuse in Lyon serviert. Nichts als große Namen. Seit 1870 bewirtschaftet Familie Merlin ihre 20 Hektar auf Kalkhängen in der Region Petite Champagne. Dort wachsen ausschließlich Ugni-Blanc-Trauben. Die Cognacs altern langsam in Fässern aus Limousineiche. Der V.S.O.P. schmeckt nach Gewürzen, Blumen und dem Holz der Fässer, der »Hors Pair Petite Champagne« leicht rauchig mit Noten von kandierten Früchten, Mandeln und Zimt. Gerade letzterer wird meistens von den oben genannten französischen »grands chefs« serviert. Die Destille darf man nur nach telefonischer Voranmeldung besichtigen.

> Cognac Laurent Merlin
> Chez Pineau
> 17520 Arthenac
> Tel.: 0033 (0) 5 46 49 19 57
> Fax: 0033 (0) 5 46 49 35 90
> www.cognacnet.com/merlin.htm

COGNAC MOYET

»Der frühere Misserfolg von Moyet ist die heutige Stärke des Hauses«, lästern die Nachbarn. Zwar hatte Euthrope Moyet schon 1864 ein Cognachaus in den Borderies etabliert. Mit seinem Schwiegersohn André Tessier exportierte er bis nach China, Thailand oder Kalifornien. Doch Tessier starb in den Schützengräben des Ersten Weltkriegs, Euthrope segnete, mit über 90 Jahren, erst 1918 das Zeitliche. Danach war es vorbei mit dem dynamischen Export, die guten Cognacs wurden im Keller gestapelt.

Sechzig Jahre später verkaufte die Familie das Haus. Die neuen Eigner waren begeistert: Nur zwei Kellermeister hatten über die Jahrzehnte die geschmackliche Linie von Moyet bestimmt. Gründer Euthrope verschnitt bis 1918 seine Brände, danach arbeitete sein Schüler an der Destille. Heute gibt es bei Moyet eine ganze Reihe guter Cognacs: Den jungen »Fins Bois«, einen fruchtigen »Petite Champagne« mit Aromen von Vanille und Karamell, den zwölf Jahre alten »Fine Champagne« mit zarten Honignoten, den gut doppelt so alten »Borderies XO«, den 35-jährigen »Fine Champagne XO« mit Aromen von Waldpilzen und Rancio sowie den über 40-jährigen »Grande Champagne Extra«.

Wirklich berühmt ist Moyet jedoch für seine Kellerschätze aus dem alten Lager von Euthrope und seinem Nachfolger. Diese werden nach Fassnummern verkauft. Aus Fass acht etwa stammt ein Fine Champagne von Anfang des 20. Jahrhunderts bis zu den 1930er-Jahren, etwas mehr als 1.500 Flaschen liegen noch auf Lager. Fass fünf hingegen enthält Cognacs vom Ende des 19. Jahrhunderts bis 1910 – die Cognacs wurden also noch vom Gründer selbst gebrannt. Fass sieben hat Geschäftsführer Pierre Dubarry auf die Jahre 1848 bis 1906 datiert: ein Co-

COGNAC MEUKOW

Die Marke mit dem springenden Panther im Emblem setzt auf ein vollkommen anderes Cognackonzept: aromatisierte Cognacs mit Vanille. Das mag Liebhaber erschrecken, ist aber ungewöhnlich erfolgreich. Der Name stammt von Karl und August Meukow, die 1862 aus Schlesien nach Cognac reisten, um Brände für den russischen Zar auszusuchen.

    Meukow
    Compagnie de Guyenne
    16101 Cognac
    Tel.: 0033 (0) 5 45 82 32 10
    Fax: 0033 (0) 5 45 82 79 31
    meukow@cdgcognac.com
    www.meukowcognac.com

gnac mit dem Geschmack von Zimt, Vanille und Havannas, der Cognacs enthält, die noch zu den Anfängen von Moyet gebrannt wurden. Wie in den alten Tagen ist das Haus im Export wieder höchst aktiv. Neben den Amerikanern ist vor allem Thailand auf den Moyetgeschmack gekommen. So wurde der Cognac 2005 zum 53. Geburtstag des Kronprinzen Maha Vajiralongkorn in Bangkok serviert.

Cognac Moyet
33, Rue Canton
16100 Cognac
Tel.: 0033 (0) 5 45 82 04 53
www.moyet-cognac-brandy.com

lang und wird »brut de fût« abgefüllt, das heißt, dass allein die Lagerung seine kräftigen Volumenprozente auf 45 gedrückt hat. Gefiltert wird nicht, im Hause Navarre schwört man, dass der Cognac nur durch die »réduction naturelle« (natürliche Reduktion) authentisch bleibt. Gelegentlich bietet Navarre seltene, uralte Jahrgangscognacs an.

Cognac Navarre
Domaine du Renclos
16200 Gondeville
Tel.: 0033 (0) 5 45 81 19 74
Fax: 0033 (0) 5 45 81 36 45
www.cognacnet.com/navarre.htm

COGNAC NAVARRE

Direkt an den Ufern der Charente liegt das eindrucksvolle Herrenhaus der Familie Navarre. Letztere ist seit dem 18. Jahrhundert im Geschäft mit dem gebrannten Wein tätig. Elf Hektar in der Grande Champagne gehören zur Domaine. Sie sind vorwiegend mit Ugni Blanc sowie sechs Prozent Folle Blanche und sechs Prozent Colombard bepflanzt. Ein Hektar dient der Produktion von Pineau de Charentes.

Auch bei Navarre fühlt man sich der Tradition verpflichtet. Die Trauben werden von Hand gelesen. Destilliert wird in kleinen, kupfernen Alambics mit zehn Hektoliter Inhalt. In den meisten Destillen sind diese alten Modelle inzwischen durch größere Destillierbehälter ersetzt worden, die Hüter der Tradition schwören jedoch, dass gerade dieses kleinere Alambic einen schonenden Brennvorgang ermöglicht. Der Grande Fine Champagne »Vieille Réserve« lagert 30 Jahre

COGNAC OTARD

Familie Otard führt sich direkt auf die Wikinger zurück: auf Ottar von Tromso, der 849 plündernd durch die Lande zog. Vom »Plündern« der Wikinger redet man hier naturgemäß nicht so gern, eher von ihrer Erkundung der Nordmeere und ihrer Kunst in Sachen Fischfang. Ein Urururenkel besagten Ottars, Jean Baptiste Otard, gründete 1795 das Haus. Kein Wunder, das der beste Cognac der Destille auch heute noch »1795 Extra« heißt. Honig, Trockenfrüchte und eine im Cognacgebiet »Zigarrenkiste« genannte Aromennote vermischen sich beim »1795« in der Nase.

Château de Cognac
16100 Cognac
Tel.: 0033 (0) 5 45 36 88 88
Fax: 0033 (0) 5 45 36 88 89
www.otard.com

COGNAC PASQUET

Die ältesten Rebstöcke von Pasquet sind rund 80 Jahre alt. Über 7,5 Hektar Rebland verfügt die Familie heute. Seit 1995 sind dort chemische Pestizide und Herbizide tabu. Hier wird stets seriös gearbeitet, der kleine Hersteller leistet Großes mit seinem »Napoléon« mit Noten von Tabak, Kakao, Lebkuchen und getrockneten Rosen oder der »Vieille Réserve« mit Noten von Orangenblüten, Muskatnuss, Zimt und Rancio.

Cognac Pasquet
Chez Ferchaud
Eraville
16120 Châteauneuf
Tel.: 0033 (0) 5 45 97 07 49
Fax: 0033 (0) 5 45 97 54 95
www.cognacnet.com/cparticulieres
/jeanlucpasquet.htm

COGNAC PEYRAT

Peyrat ist ein recht junges Unternehmen. Im Cognacgebiet heißt das, dass es erst seit gut 100 Jahren existiert. Interessant ist die Kollektion an Jahrgangscognacs sowie die »Cognacs de Vignoble«. Jeder davon steht für eine Region innerhalb des Cognac. Gleich drei stammen jedoch aus der Grande Champagne.

Peyrat Associés & Cie
7, avenue Maréchal Leclerc
16100 Cognac
Tel.: 0033 (0) 5 45 35 19 19
Fax: 0033 (0) 5 45 35 22 33
www.cognacpeyrat.com

COGNAC PEYROT

Peyrot besitzt 25 Hektar in den Premier-Cru-Lagen der Grande Champagne. Auch wenn schon der Großvater im Cognacgeschäft war, existiert die eigene Marke erst seit den 1970er-Jahren. Dennoch verfügt die junge Domaine des Bergeronnettes über einige hervorragende Brände: Der »Héritage – Cognac de grand mère Peyrot« (von Großmutter Peyrot) mit dunkler goldfarbener und eleganter Rancionote wurde auf der »Mondial de Bruxelles 2003« mit einer Goldmedaille ausgezeichnet. Die bekam zwei Jahre später eben dort in Brüssel auch der »XO Très vieille Réserve ancestrale«. Erfreulich: Peyrots Cognacs sind vergleichsweise günstig.

> **Cognac François Peyrot**
> Rue du Paradis – Chemin de la Grande Champagne
> BP 42
> 16200 Jarnac
> Tel.: 0033 (0) 5 45 81 16 70
> Fax: 0033 (0) 5 45 81 70 82
> infos@cognac-peyrot.com
> www.cognac-peyrot.com

COGNAC PIERRE DE SEGONZAC

Eine Marke in neuem Look. Heute schaut uns ein Charakterkopf unter dunkler Kopfbedeckung von jeder Flasche Pierre de Segonzac an. Das bewährte Marketingkonzept »Franzose und Baskenmütze« sollte jedoch nicht darüber hinwegtäuschen, dass es hier hochwertige Cognas wie die »Sélection des Anges« oder den »Ancestrale« auf Basis von Bränden im Rentenalter gibt.

> **Pierre de Segonzac**
> La Nérole
> 16130 Segonzac
> Tel.: 0033 (0) 5 46 30 22 14
> Fax: 0033 (0) 5 46 56 23 50
> www.pierredesegonzac.com

COGNAC PIERRE FERRAND

Jean-Dominique Andreu und Alexandre Gabriel wollten 1989 hoch hinaus. In der traditionsreichen Cognacregion sollte ihre neue Marke Pierre Ferrand strahlen. Destilliert wurde in der Domaine du Logis d'Angeac, mitten in der Grande Champagne. Gut 90 Prozent der Ferrand-Brände werden im Ausland getrunken. Zur Firmengruppe gehören auch die Marken Cognac Landy, Cognac Claude Chatellier, Daron Calvados, Citadelle Wodka und Gin und viele andere mehr. Das klingt nach einem weit verzweigten Imperium. Trotzdem werden Ferrands Spitzenprodukte wie der »Ancestrale« oder der »Abel« dem Anspruch der Gründer gerecht. Hier gibt es außerdem hervorragende Jahrgangsbrände.

Cognac Pierre Ferrand
Château de Bonbonnet
16130 Ars
Tel.: 0033 (0) 5 45 36 62 50
Fax: 0033 (0) 5 45 83 31 17
www.cognacferrand.com

COGNAC PRUNIER

Jean Prunier stach um 1700 von La Rochelle aus regelmäßig mit Cognac in See. Urenkel François kaufte Weinberge bei Saint-Angély und zog nach Cognac. Dessen Enkel wiederum verkauften den hauseigenen Cognac in Wien, Moskau und Melbourne – Anfang des 20. Jahrhunderts. Ein Fall von früher Globalisierung also. Heute bietet das Haus Prunier Brandys, Pineau, Orangenlikör und natürlich Cognac an. Empfehlenswert sind der X.O. und die Jahrgangsbrände.

Maison Prunier
7 avenue Maréchal Leclerc – 30 Rue Leonce Laval
16102 Cognac cedex
Tel.: 0033 (0) 5.45.35.00.14
Fax: 0033 (0) 5.45.35.39.41
cognacprunier@wanadoo.fr
www.cognacprunier.fr

Ein Lieblingscognac – Cognac Ragnaud-Sabourin

DIE ZEIT WIRD ES RICHTEN

Jede Kellerwand, jede Mauerritze, jede Dachfuge des Cognaclagers von Ragnaud-Sabourin ist mit einem tiefdunklen Belag überzogen. »*Torula compniacensis* (siehe dazu auch Seite 135). Typisch für jeden Cognackeller«, sagt Annie Ragnaud-Sabourin. Der schwarze Vorhang zieht sich bis in die Reserve, das Paradies mit etwa 40 Glasballons voll mit über 140 Jahre altem Cognac. ›Dame Jeanne‹ heißen die Ballons. Und nennen sie den Belag bloß nicht Schimmel, er entsteht durch die Verdunstung unserer Destillate. ›Anteil der Engel‹ heißt das bei uns … « Um die 20 Millionen Flaschen sollen jährlich in der Region Cognac verdunsten …

Annie hat beste Laune. »Die Leute trinken wieder Cognac«, freut sich die zierliche, nicht mehr ganz junge Dame mit dunkelblondem Haar auf dem Weg zum Haupthaus. »Es ist ein echter Boom.« Für Annie, die studierte Juristin aus Paris, ist es der erste, seit sie vor 15 Jahren das Erbe ihres Vaters Marcel übernahm. Erst heute Morgen hatte ihr ein großer, weltbekannter Cognachersteller 5.000 Euro für einen Hektoliter junges Destillat geboten. Gerechnet hatte sie mit 1.800 Euro. »Nur als ich das Geld brauchte, da gab es diese Angebote nicht.« Da hatte sie ein ausgefülltes Berufsleben eigentlich schon hinter sich. Aber irgendjemand musste ja den Familiensitz, eine cremeweiße, zweistöckige Villa vom Anfang des letzten Jahrhunderts, übernehmen, musste sich um den Cognac und die zwei Alambics, die Destillierapparate, kümmern. Es war die Zeit, als der Cognacabsatz kränkelte. Der Whisky zog an ihm vorbei, der Grappa, und selbst der französische Rivale Armagnac, knabbert am Markt. Und jetzt verlangen auf einmal amerikanische Rapper und alle, die gern ein wenig wie sie wären, nach Cognac.

Na gut, nach Ragnaud-Sabourin verlangen sie noch nicht, aber das ist erstens deren Fehler und zweitens könnte Annie sie ohnehin nicht beliefern. Ihre Produktion ist klein, über Marketingbudgets verfügt sie nicht, Werbung macht sie nicht und Geld für flott designte Flaschen gibt sie erst recht nicht aus. Wenn das Familienunternehmen von 1850 trotzdem in der Schar der Anbieter nicht übersehen wird, dann weil große Küchenchefs und Sommeliers ihre treusten Kunden sind – und selbst die Inhaber und Konkurrenten hinter verschlossenen Türen den Stil ihrer Cognacs loben.

»Wir haben halt drei Dinge, die viele nicht mehr haben: einen Vorrat mit guten Cognacs aus der Zeit unseres Großvaters, 33 Hektar eigene Reben mitten in der Grande Champagne und viel, viel Zeit. Damit meistern wir die Herstellung von der Rebe bis zum fertigen Destillat.« Im Cognacgebiet ist das die Ausnahme: Die meisten Häuser müssen bei Winzern einkaufen, können deshalb auf Reben und Grundweine keinen Einfluss nehmen. Und die Zeit nimmt ihnen der Markt.

»Den Cognac haben wir nur unserem ›schlechten‹ Wein zu verdanken«, lacht Annie Ragnaud-Sabourin. »Irgendwann war unserer Wein aus Ugni-Blanc-, Folle-Blanche- oder Colombardtrauben zwar berühmt, aber die englischen Besatzer wollten ihn für Transportzwecke lieber destilliert. Die Destillationstechniken kannten unsere Vorfahren wiederum von den arabischen Besatzern, die damit Blütenextrakte gewannen.« Eine der vielen Geschichten, die sich um die Entstehung des Cognacs ranken. Andere glauben, dass leere Staatskassen den Aufstieg des Cognacs einläuteten: Im 17. Jahrhundert belegten die Landesfürsten der französischen Region Saintonge jeden verkauften Liter Wein mit kräftigen Abgaben. Die meist britischen Kunden rümpften über die dreisten Preise die Nase und stornierten ihre Order, die betroffenen Bauern versuchten, ihren unverkäuflichen Rebensaft anderweitig loszuschlagen. Einige verwandelten ihren Wein in Essig, andere brannten ihn und lagerten ihn so lange in Eichenfässern ein, bis er zu einem braunen Eau de vie wurde. Das »Feuerwasser« entwickelte sich binnen weniger Jahrzehnte zum echten Verkaufsschlager, die Flaschen wurden bis nach Kanada, Louisiana und Santa Domingo exportiert.

Schon damals arbeiteten die Cognachersteller, so wie heute Annie, mit ihren zwei Alambics charentaises, großen Destillierkolben aus Kupfer. »Ohne Kupfer funktioniert es nicht«, erklärt Annie, knapp. Überhaupt sind die Alambics raffinierter, als ein erster Blick vermuten lässt. »Alles ist wichtig, auch die Position der schwanenhalsförmigen 'Pfeifen', eigentlich eine Art Kühlungsschlauch.«

Das Destillat wandert dann in neue Fässer aus bester Limousineiche und darf ruhen. »Andere verwenden auch Tronçaiseiche, wir finden aber, dass unsere Cognacs darin nicht so gut altern.« Und wo ist jetzt das Geheimnis des runden, sanften Aromas von Ragnaud-Sabourin? »Das war es eigentlich schon«, meint Annie sachlich. »Natürlich verschneiden wir unsere Cognacs. Aber eigentlich regelt den Rest die Zeit. Wir haben hier nichts dagegen zu warten. Selbst wenn unsere Cognacs auf Flaschen aufgezogen werden, dürfen sie nochmals ein paar Monate liegen.« Dann altert er zwar nicht mehr schmeckbar, aber bei Ragnaud-Sabourin möchte niemand den Cognac stressen.

In französischer Höflichkeit verschweigt Madame dabei eine Tatsache: Nicht jeder in der Region lässt so viel Sorgfalt walten. Viele färben ihren kostbaren Brand mit Karamell, damit er eine »noblere« Tönung annimmt. Wer die Alchemie des Verschneidens richtig anwendet, kann auch aus jungen Destillaten interessante Cognacs erzeugen, freilich ohne die Aromenfülle und Sanftheit der älteren Brände.

Annie Ragnaud-Sabourin öffnet die schmale Villentür. Rechts in der Küche setzen zwei Freunde aus Argentinien einen Cognacpunsch an. Links liegt das Wohnzimmer mit schwarzglänzendem Konzertflügel, buntem Sofa, grauem Tischchen, Kamin und historischen Bildern der Familie in Öl. »Mein Großvater hat das Haus erbauen lassen, um zu zeigen, dass wir die Reblauskrise von 1870 wirtschaftlich überwunden hatten«, erklärt sie und fasst unter die Tischkante. Voilà, da öffnet sich ein Geheimfach mit acht Flaschen und 16 Schwenkern: »Florilège«, »Héritage« oder »Paradis« steht auf den Etiketten.

Oder Ziffern wie 4, 10, 20, 35. »Die Ziffern stehen für das Alter unserer Gewächse. Legal dürfen wir es nicht vermerken. Also haben wir es zum Bestandteil des Markennamens gemacht: 'Alliance N° 4', 'Alliance N° 20' …« Schon der erste Schluck zeigt, weshalb die großen Chefs der Grande Nation Ragnaud-Sabourin lieben: »Jeder Cognac ist rund und samtig – bestens geeignet auch für Gäste, die sonst keinen 'harten' Alkohol trinken. Und dass, obwohl die Destillate mit bis zu 46 Volumprozent keine schmeichlerischen Leichtge-

wichte sind.« Ihre Farben reichen von strohgelb für den Jüngling »Alliance N° 4« bis zu tiefen Mahagonitönen für das »Paradis«. Ab 20 Jahren gewinnen die Rancio- und Ledertöne die Oberhand, hier und da finden sich Aromen von Vanille, Linde und Hyazinthe. Die »großen Drei«, die für den Ruf des Hauses stehen, sind natürlich »Florilège«, »Héritage« und »Paradis«.

»Den Florilège lagern wir 45 Jahre lang im Eichenholzfass. So steigt er auf natürliche Weise, nur durch Verdunstung, auf 45 Volumenprozent an. Er hat eine klare Note von Trockenfrüchten«, erklärt Annie. »Der Héritage stammt aus Cognacs, die schon von meinem Vater Marcel gehütet wurden. Er hat ein klares Gewürzaroma.« Aus einer unscheinbaren Flasche gießt sie einen Schluck »Paradis« in den letzten Schwenker. »Sein Ranciogeschmack verbindet sich mit feinen Fruchtaromen. Und die Sommeliers schwören auf seinen langen Abgang. Manche können noch nach einer Stunde das Aroma des 'Paradis' am Gaumen orten.« Annie Ragnaud-Sabourin macht eine kleine Pause. »Der enthält tatsächlich noch zehn Prozent Cognacs aus der Zeit vor der Reblauskrise. Die anderen Cognacs sind um die 100 Jahre alt. Meine Mutter Denise hat sie mir anvertraut, ich werde diese Brände irgendwann an meine Tochter Patricia übergeben.« Genau so, wie es in der Familie Ragnaud seit über 150 Jahren war.

Ragnaud-Sabourin / Marcel Ragnaud
La Voûte
16300 Ambleville
Tel.: 0033 (0) 5 45 80 54 61
Fax: 0033 (0) 5 45 80 50 13
www.ragnaud-sabourin.com

COGNAC RAYMOND RAGNAUD

Erstklassige Cognacs stammen aus diesem Familienbetrieb von 1860. Die Trauben für »Raymond Ragnaud« stammen aus 47 Hektar in der Grande Champagne (1er Cru de Cognac), dort wachsen Ugni Blanc und Folle Blanche. Gut 75 Prozent der treuen Kunden von Raymond Ragnaud sitzen im Ausland. Der Rest der knapp 65.000 jährlich erzeugten Flaschen wird gern von guten Restaurants in Frankreich auf den Digestifwagen gestellt und bei bekannten französischen Winzern verkauft.

> Ragnaud Raymond Sarl
> Le Château
> 16300 Ambleville
> Tel.: 0033 (0) 5 45 80 54 57
> Fax: 0033 (0) 5 45 80 56 46
> raymond.ragnaud@freesbee.fr
> www.le-cognac.com/raymond_ragnaud/ragnaud.html

COGNAC ROULLET & FILS

Napoleons Soldaten feierten Siege mit Cognac Roullet. Und bei Niederlagen dürfte er manchen getröstet haben. Seit 1780 existiert Roullet & Sohn. Heute verfügt die Familie über 33 Hektar Fins-Bois-Cognac. Mit Mathias Paul Roullet wacht die neunte Generation über das Familienunternehmen. Im Paradies der Familie reifen Brände seit mehr als einem halben Jahrhundert. Die Spitzenklasse kommt unter dem Namen »Roullet Très Rare« in den Verkauf. Auch V.S.-Cognacs für Cocktails wie den »EOS« werden von Familie Roullet angeboten.

> Roullet & Fils Sarl
> Le Goulet de Foussignac
> 16200 Jarnac
> Tel.: 0033 (0) 5 45 36 16 00
> contact@roullet-cognac.fr
> www.roullet-cognac.fr

COGNAC SERPLET

Der gut gereifte »Hors d'Age« mit seinen Rancioaromen ist ein Tipp für Insider. Auch der junge V.S.O.P. schneidet in Blindverkostungen regelmäßig gut ab.

> Cognac Pierre Serplet
> Lavaud
> 16130 Juillac le Coq
> Tel.: 0033 (0) 545 83 00 69

COGNAC VOYER / COGNAC FRANÇOIS VOYER

Die kaum bekannte Domaine hat besonders unter Cognacprofis einen guten Ruf. Pariser Spitzenrestaurants wie Alain Ducasse und Laurent führen Voyer. Begehrt sind die Spitzenprodukte wie der rot glänzende »Ancestral« aus 100 Prozent Grande-Champagne-Trauben. Nur 202 Flaschen wurden davon hergestellt. Sammler freuen sich auch über die nummerierte »Collection personelle«: rare Premiumcognacs mit »Auflagen« zwischen 36 und 72 Flaschen. Auch der »Hors d'Age« und der »XO« mit seinen Aromen von Tabak, Vanille, Süßholz sind außergewöhnlich.

Voyer destilliert seine Weine mit den Heferückständen, die Resultate sind erstaunlich komplexe Brände. Spitzencognacs werden hier nicht gefiltert. Voyer selbst empfiehlt das »Lot 3« der Collection Personnelle. »Es ist einfach das Beste, was wir derzeit im Angebot haben.«

> François Voyer
> Le Maine Verret
> 16130 Verrieres
> Tel.: 0033 (0) 5 45 83 02 98
> Fax: 0033 (0) 5 45 83 07 59
> cognac.fvoyer@wanadoo.fr
> www.cognac-voyer.fr

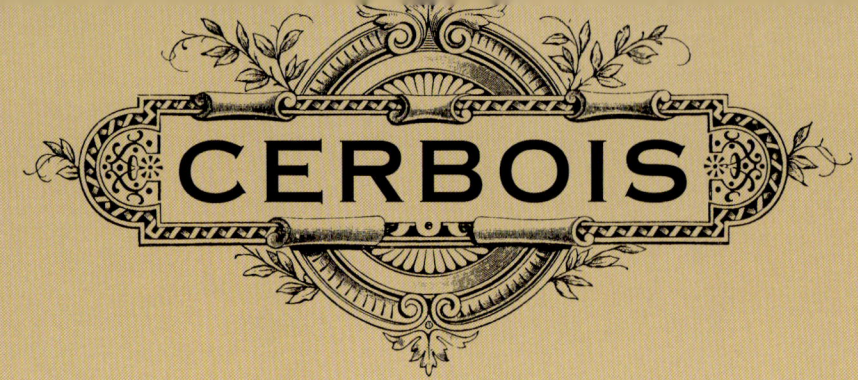

GROSSE GEISTER – DER COGNAC UND SEINE KONKURRENTEN

DARON CALVADOS   PLANTATION RUM

Sanft räkelt sich eine exklusive Flüssigkeit im Kristallschwenker, ihr kräftiges Aroma vermischt sich langsam mit dem Odeur teurer Havannas. Im Hintergrund prasselt ein fröhlich loderndes Kaminfeuer, ein paar Herren lehnen sich gemütlich in schwere, englische Ledersessel zurück. So will es das Klischee vom optimalen Genuss von Hochprozentigem: teure Destillate für Herren fortgeschrittenen Alters, geschwenkt in altertümelnden Londoner Clubs oder preußischen Offizierskasinos …

Violettes Licht pulsiert in der Dachkuppel, die Bar leuchtet klirrend blau wie ein übergroßer Eiswürfel. Der Mann in Schwarz hinterm Tresen mischt Cognac, Rum oder Wodka mit Fruchtsäften oder -pürees. Das Publikum ist deutlich jünger, die kaufkräftige Zielgruppe heiß umkämpft. Auch so werden große Geister genossen.

Und dann gibt es natürlich den Moment im Restaurant, kurz nach dem Dessert. Dann kommt ein Mann in Schwarz mit einem Wägelchen vorbei, bietet Cognac, Armagnac, Grappa, Rum, Obstbrände oder vielleicht einen Whisky an. Je nach Restaurant, Wirt und Auswahl kann jeder der Brände ein Hochgenuss sein. Aber wodurch unterscheiden sie sich?

Armagnac

Im Armagnacgebiet wimmelt es von Jahrgangsbränden aus winzigen Destillen. Die Angabe des Jahrgangs ist dort im Gegensatz zum Cognac seit jeher gestattet und verbreitet. Von den Rebsorten und der geographischen Lage ist der Armagnac ein naher Verwandter des Cognacs. Doch es gibt Unterschiede.

Armagnac wird nicht zweimal, sondern nur einmal im Alambic – dem traditionellen Destilliergefäß – gebrannt. Neben Ugni Blanc werden die Rebsorten Bacco, Folle Blanche und Colombard kultiviert. Das junge Armagnacdestillat ist fast farblos, erreicht einen Alkoholgehalt von über 52 Volumenprozent – und schmeckt dementsprechend ruppig. Bei jedem Probeschluck werden die Papillen zunächst durch den Alkohol unter Vollnarkose gesetzt, erst danach orten die Kenner im Glas das Aroma von Haselnüssen, Kakao, Pflaumen, Leder oder Zimt.

Richtige Lagerung verwandelt den Armagnac in großen Genuss. Allein im Keller der Familie Darroze reifen über 45 verschiedene Jahrgänge – vom 1918er »Domaine de Picpout« über den 1986er »Domaine de Coquillon« bis zu jungen Fässern aus den Neunzigern, die noch lange Jahre auf ihre erste Flaschenabfüllung warten müssen. Laut der Hausdevise müssen Armagnacs mindestens 15 Jahre lang lagern.

Grappa

Eine Zeit lang schien der modische Grappa mit seinen schicken Designerflakons braune Brände wie Cognac und Armagnac aus den Gläsern zu verbannen. Grappa stammt nicht aus Trauben, sondern ist ein sogenannter Tresterbrand. Er entstammt also vergorenem Traubentrester; das sind Rückstände der Weinmaische wie Kerne und Stängel oder Schalen. Ganz böse formuliert ist die Herstellung solcher Brände also Resteverwertung. Tresterbrände galten über Jahrhunderte als billiges Besäufnis der Armen. Erst schonendere Destillationsmethoden wie die indirekte Befeuerung, bei der die Brennblase durch Wasserdampf beziehungsweise über einem Wasserbad beheizt wird, veredelten den Grappa. Den Durchbruch zur Trendspirituose schaffte der Grappa aber erst im 20. Jahrhundert. Weltberühmt sind die Tresterbrände von Romano Levi, der jedes Etikett von Hand bemalte.

Spanischer Brandy

Die Brandydefinition aus den Verordnungen der EU klingt nicht unbedingt verlockend. Brandy ist danach eine Spirituose:

- *die aus Branntwein mit oder ohne Weindestillat, das zu weniger als 94,8 Volumenprozent destilliert ist, gewonnen wird, sofern dieses Destillat höchstens 50 Prozent des Alkoholgehalts des Fertigerzeugnisses nicht übersteigt und*

- *die in Eichenholzbehältern mindestens ein Jahr oder aber mindestens sechs Monate, wenn das Fassungsvermögen der Eichenfässer unter 1.000 Litern liegt, gereift ist;*

- *die einen Gehalt an flüchtigen Bestandteilen von 125 g/hl r. A. (Gramm pro Hektoliter reiner Alkohol) oder mehr ausschließlich aus der Destillation beziehungsweise der erneuten Destillation der verwendeten Ausgangsstoffe aufweist;*

- *einen Höchstgehalt an Methanol von 200 g/hl r. A. aufweist.*

Nicht alltäglichen Genuss verspricht der spanische Brandy aus Jerez de la Frontera. Genau wie der Cognac wird er nur aus Trauben gebrannt. Anders als bei Cognac werden für den Brandy de Jerez zwei verschiedene Destillate gebrannt: Die Holandas mit 60 bis 65 Volumenprozent Alkohol und die Destilados mit 84 bis 86 Volumenprozent Alkohol. Die Holandas geben dem Brandy sein Aroma. Die eher neutralen Destilados verfeinern nach dem Verschnitt den Geschmack.

Brandy de Jerez reift ähnlich wie Sherry im Solerasystem: In den unteren Fassreihen liegt der alte, gereifte Brand, in den Reihen darüber lagern jeweils jüngere Destillate. Gekostet und verkauft wird von der unteren Reihe, aufgefüllt wird aus den jüngeren Fässern, die zuvor ihrerseits zur Sherryherstellung dienten und bei manchen Spitzendestillen 50 bis 60 Jahre alt sind. Ein guter Brandy de Jerez durchläuft so ein gutes Dutzend Fassreihen oder mehr, bevor er nach jahrelanger Lagerzeit das Aroma von Kastanien, gerösteten Mandeln und altem Oloroso-Sherry annimmt.

Erst ganz am Schluss werden Holandas und Destilados verschnitten. Dann heißt es noch einmal: Bitte ruhen walten lassen. Der Brandy de Jerez wird dann nochmals gelagert.

Whisky

Die Ruhezeit im Sherryfass ist keine spanische Spezialität. Wie in keiner anderen Region haben es die schottischen Whiskydestillen verstanden, aus der Fassreife eine Wissenschaft zu machen: Lagerung im Bourbon-, Whisky- oder Sherryfass oder im Fass aus neuem Eichenholz – jeder Hersteller hat sein Erfolgsrezept. Als echter Gaumenschmeichler gilt der Single Malt, den man natürlich handwarm, ohne Eis oder Wasser, trinkt. Solcher Whisky entstammt aus Gerste, die eingeweicht, zum Keimen gebracht und anschließend (oft über Torffeuer) getrocknet wird. So entsteht das »Malt« (Malz). »Single« heißt, dass der Whisky nicht mit anderen Destillaten verschnitten wurde. Schon weil verschiedene Wasserqualitäten und Fassreifen stets für individuelles Aroma sorgen, dürfen sich Kenner trefflich streiten, welcher Whisky am raffiniertesten schmeckt. Viele schwören allerdings auf die Destillate der Hebrideninsel Islay, den Sitz traditionsreicher Hersteller wie Laphroaig, Ardbeg oder Bunnahabhain.

Edelobstbrände

Auch aus Früchten stammen wahrhaft »große Geister«. Die sogenannten Edelobstbrände liegen im Trend, auch hier suchen die Kenner wieder nach kleinen Destillen, alten Familienbetrieben, die nach traditioneller Art um die 1.500 bis 2.000 Liter Alkohol brennen. Das Elsass und Lothringen sind für Mirabellen-, Himbeer- oder Birnenschnäpse bekannt, Kultstatus unter den hochprozentigen Bouteillen erlangten die Destillate von Monsieur Metté aus Ribeauvillé, bei dem selbst Trüffel und Kaffee ins Alambic wandern. Berühmt ist auch der Himbeergeist »Cœur de Chauffe« von Gilbert Miclo. Ein Schnaps mit dem Aroma eines ganzen Himbeerfeldes, dessen Fruchtnote beim ersten Schnuppern sogar den Alkohol überdeckt. Natürlich ist das Rezept streng geheim – aber man weiß, dass mindestens sieben Kilo Himbeeren für einen Liter gebraucht werden und dass der »Cœur de Chauffe« aus dem Hauptlauf, dem besten Teil des Destillats, stammt.

Bei Vergleichstests ganz vorne liegen regelmäßig auch die Obstbrände aus Österreich. Ein Paradies für Schnapsbrenner: Viele Familien destillieren ihren Klaren schon seit Anfang des 19. Jahrhunderts. Und weil erstklassige Früchte Voraussetzung für beste Brände sind, bauen manche auf ein paar Hektar sogar eigenes Obst an. Berühmt sind die Destillate aus Marillen, Williamsbirne oder Weichsel von Günter Rochelt, die in einer grünen Tiroler Zangenflasche angeboten werden.

Wodka

Wodka ist farblos, sein Geschmack ist annähernd neutral. Sein Alkoholgehalt variiert von 37,5 bis fast 80 Volumenprozent. Besonders russische Wodkakenner bestehen darauf, dass zu den Qualitätszeichen guten Wodkas auch seine leichte Verträglichkeit gehört. Als Basis von Cocktails wird er auch bei jungen Kunden immer beliebter. In den Metropolen der Welt gibt es inzwischen eine Menge Wodkabars wie zum Beispiel die Pariser Bar im »Murano Resort« mit 150 Wodkas aus verschiedensten Ländern.

Inzwischen wollen russische und polnische Marken den wachsenden Markt aufmischen. »Russky Standart Platinum« zum Beispiel setzt sich gerade vermehrt an westeuropäischen Tresen durch.

Einstweilen leidet der Wodkamarkt am Fehlen einer klaren Gesetzeslage: Wodka ist »die Spirituose, die aus Äthylalkohol landwirtschaftlichen Ursprungs entweder durch Rektifikation oder durch Filtrieren über Aktivkohle – gegebenenfalls mit anschließender einfacher Destillation – oder einer gleichwertigen Behandlung gewonnen wird, welche die organoleptischen Merkmale der verwendeten Ausgangsstoffe selektiv abschwächt. Durch Zusatz von Aromastoffen können dem Erzeugnis besondere organoleptische Eigenschaften, insbesondere ein weicher Geschmack, verliehen werden.«

Im Klartext: Auch wenn Wodka meist aus Getreide, Kartoffeln oder Rübensirup (Melasse) hergestellt wird, kann der Brand auch von Mais, Reis oder Trauben stammen.

Die meisten osteuropäischen Wodkas werden aus Roggen gebrannt. Sie verfügen über eine hauchzarte Süße und sind recht mild. »Kartoffelwodka« gilt als schwerer und süßer. Melassewodkas sind so gut wie immer Billigprodukte mit recht süßlichem Geschmack.

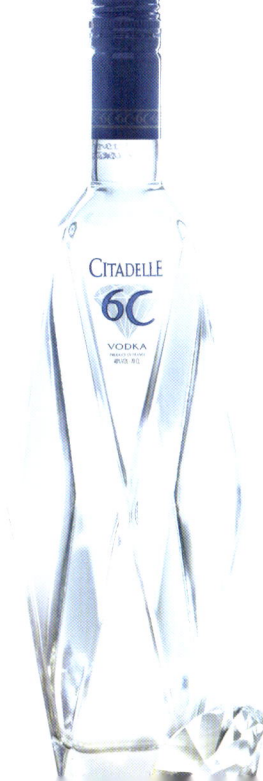

Rum

kommt aus der Karibik, Süd- und Mittelamerika, Australien, Madagaskar, den Philippinen, Martinique, Mauritius, Indien, Réunion, den Kanaren und anderen Ländern. Er wird aus Rohrzuckermelasse oder frischem Zuckerrohrsaft gewonnen. Auch Rum ist in Bars als Mixgetränk beliebt. Doch auf diesen Status sollte ihn niemand reduzieren. Es gibt hervorragende, gut gealterte Rums, wie der »Rhum J.M.« der Destillerie Crassous de Medeuil. Der Name klingt wie der Held aus einem Historienfilm von Cecil B. de Mille, dahinter verbirgt sich aber ein Rum der Extraklasse mit feinem Zimtaroma, hergestellt bei Macouba auf Martinique und gute zehn Jahre in 200-Liter-Fässern aus Eichenholz gelagert. Für Rums aus Martinique gelten die strengen französischen AOC-Bestimmungen, die kontrollierte Erzeugerabfüllungen regeln. Und nach denen muss ein »Rhum Vieux Agricole« mindestens drei Jahre lagern.

Von volltrunkenen Engeln und schwarzen Mauern

Destillate wie Cognac verdunsten. Gut zwei Prozent der Lagerbestände lösen sich jährlich in Luft auf. Macht in der Region Cognac grob geschätzt 20 Millionen Flaschen. »Anteil der Engel« heißt dieser Schwund in der Region. Die trinkfesten, lebenslustigen, pausbäckigen Engel kann sich jeder problemlos auf den Hausdächern vorstellen.

Doch ganz Cognac trägt schwarz. Nicht gerade ein Zeichen von Lebensfreude. Dennoch gibt es vor dem Schwarz kein Entrinnen. Zumindest, wenn man ein Cognaclager betritt. Jede Wand, jede Mauerritze ist von einem tiefschwarzen Belag überdeckt, der manchmal bis nach draußen reicht. Bouadoinia compniacensis oder Torula compniacensis heißt der Mikroorganismus, der für die dunkle Farbe sorgt. Er ernährt sich vom Cognacschwund. Auch wenn man in der Region das Wort »Schimmelpilz« nicht gerne hört, wird man den mikroskopisch kleinen Mitbewohner nur unter immensen Schwierigkeiten als Engel klassifizieren können.

Der enorme Durst von Bouadoinia compniacensis ist den Behörden seit langem bekannt: Früher suchten Zöllner nämlich nach dem schwarzen Belag, um die Labors von Schwarzbrennern zu orten.

»Alkohol macht nüchtern. Nach einem Schluck Cognac denke ich nicht mehr an dich.«

MARGUERITE YOURCENAR

COGNAC IN DER BAR

Früher waren Cognacmixgetränke den Puristen ein Gräuel. Seit 1996 wirbt selbst der Cognacverband BNIC für Cognac auf Eis oder Cognacdrinks.

Wer selbst mixen möchte, sollte über ein klein wenig Barzubehör verfügen.

Absolut notwendig sind Zitronen- und Fruchtpressen. Nur frischer Saft gibt den Drinks vollen Geschmack.

Für gründliche Mischungen benötigt man den Cocktailshaker. Zum Rühren des Drinks nah dem Servieren braucht man einen langstieligen Barlöffel.

Ins Mixglas wandern Drinks, die nicht geschüttelt, sondern gerührt werden. Für das Mixglas wird auch ein Barsieb benötigt. Dann gibt es das Messglas. Mal misst es Unzen,

mal Zentiliter. Aber im Grunde kommt es beim Mixen nur darauf an, dass die Proportionen gewahrt werden.

Regelmäßig benötigt wird auch die Magenbitterflasche (zum Beispiel Angostura). Sie sollte mit einem kleinen Aufsatz wie für Öl- oder Essigflaschen versehen werden. Schließlich wird Angostura nur spritzweise gebraucht.

Ein guter Vorrat an Eiswürfeln schadet keinesfalls. Barprofis werden jetzt noch in Eiszerkleinerer, Eiswasserkrug, Eisschaufel und Eiszange investieren. Für den Hausgebrauch ist das nicht wirklich notwendig.

Eher schon sollte man den Drink in einem angemessenen Glas servieren. Mal ist das ein Longdrinkglas, mal eine Champagnerflöte, mal ein sogenannter Tumbler oder ein Highballglas.

Wichtig: Für die Cocktails brauchen Sie keine erstklassigen, teuren Cognacs. Ein V.S. oder ein günstiger V.S.O.P. reichen aus. Soweit nicht anders angegeben, sind die Mixgetränke für eine Person.

ALBA

3 cl Cognac
2 cl Orangensaft
1 cl Himbeersirup
1 Scheibe Orange
Eiswürfel

Cognac, Orangensaft und Himbeersirup im Shaker mit den Eiswürfeln kräftig schütteln. In eine vorgekühlte Cocktailschale abseihen und mit einer Orangenscheibe garnieren.

ALEXANDER

4 cl Cognac
3 cl Crème de Cacao
3 cl Sahne oder Doppelrahm
Kakaopuder oder geriebene Muskatnuss
Eiswürfel

Shaker mit Eis füllen, Cognac, Crème und Sahne hinzufügen. Kräftig mixen, in ein Tumblerglas geben und mit Kakao oder Muskat bestreuen.

ARAGO

2 cl Cognac
2 cl Crème de Banane (Bananenlikör)
etwas Crème fraîche
1 Spritzer Rohrzuckersirup
4 Eiswürfel

Eiswürfel in den Shaker geben, die anderen Zutaten hinzugeben, kräftig schütteln und durch den Filter ins Glas geben.

BANANA BISS

2 cl Cognac
2 cl Crème de Banane (Bananenlikör)
3 Eiswürfel

Drei Eiswürfel und die anderen Zutaten ins Mixglas geben. Gut umrühren und in Tumblergläser gießen.

BETWEEN THE SHEETS

»Zwischen den Bettlaken« heißt dieser Cocktailklassiker

3 cl Cognac
3 cl weißer Rum
3 cl Cointreau
3 cl Zitronensaft
1 Streifen Zitronenschale
zerstoßenes Eis

Die Zutaten im Shaker mit dem Eis gut schütteln und in eine Cocktailschale abseihen. Mit der Zitronenschale dekorieren.

BEVERLY HILLS

2 cl Cognac
4 cl Triple sec (Orangenlikör)
1 cl Kalhua (Kaffeelikör)
Eiswürfel

Alle Zutaten in den Shaker geben und kräftig mischen. Abseihen und ins Cocktailglas füllen.

BOMBER

4 cl Cognac
2 cl Wodka
2 cl Cointreau
Eiswürfel

Alle Zutaten im Mixglas gründlich durchrühren und auf Eis servieren.

BORA BORA

2 cl Cognac
2 cl Wodka
2 cl Kirschschnaps
2 cl Picon (französischer Aperitif)
4 Eiswürfel

Alle Zutaten gründlich im Mixglas mischen und zum Servieren in Cocktailgläser umgießen.

BRANDY DAISY

2 cl Cognac
Saft von ½ Zitrone
1 Spritzer Grenadine
Mineralwasser mit Kohlensäure
Eiswürfel

Cognac, Zitronensaft und die Eiswürfel in den Shaker geben. Einen Spritzer Grenadine hinzugeben und kräftig mischen, anschließend abseihen und ins Cocktailglas geben, mit Mineralwasser auffüllen.

BALTIMORE EGG NOGG

3 cl Cognac
4,5 cl Madeira
1,5 cl Jamaika-Rum
2 TL Zuckersirup
1 Ei
6 cl Doppelrahm
120 ml Milch
Muskatnuss
Eiswürfel

Alle Zutaten außer Milch und Muskat mit Eis in den Shaker geben und kräftig mischen. Abseihen und in ein Collinsglas seihen. Mit Milch auffüllen und mit geriebener Muskatnuss bestäuben.

CAFÉ BRÛLOT

8 Personen
¼ l Cognac
Schale von 1 Orange
Schale von 1 Zitrone
8 Gewürznelken
1 Vanilleschote (gespalten)
2 Zimtstangen
2 Würfelzucker
½ l heißer Kaffee

Alle Zutaten außer Zucker und Kaffee in eine feuerfeste Schale geben und erwärmen. Ein Stück Zucker dazugeben, auflösen lassen und gut verrühren. Kaffee dazugießen. Den zweiten Zuckerwürfel in Cognac tränken, auf einen Löffel geben und anzünden. Den brennenden Würfel in die Bowle tauchen. Jetzt sollte die Oberfläche in Flammen stehen. Serviert wird in Mokkatassen.

CHAMPAGNE COCKTAIL

1 Würfelzucker
1 Spritzer Angostura
2 cl Cognac
8 cl Champagner
1 Orangenscheibe

Ein Stück Würfelzucker mit Angostura anfeuchten und unten in ein Champagnerglas legen. Cognac aufgießen. Mit Champagner auffüllen und mit der Orangenscheibe dekorieren.

CHAMPAGNE PICK-ME-UP

2 cl Cognac
2 cl Orangensaft
1 Spritzer Grenadine
Eiswürfel
kühler Champagner

Alle Zutaten außer Champagner in den Shaker geben und kräftig mischen. Abseihen und ins Champagnerglas füllen. Champagner dazugießen und servieren.

COGNAC HORSE'S NECK

Der »Pferdehals« kommt normalerweise ohne Alkohol aus, schmeckt jedoch auch mit Whisky, Gin, Rye oder, wie hier, mit Cognac.

etwas Zitronenschale
2 cl Cognac
Ginger Ale
Eiswürfel

Zitronenschale, Eiswürfel und Cognac in ein Tumblerglas geben, mit Ginger Ale auffüllen.

CORPSE REVIVER

Der »Leichenbeleber« gilt als Mittel gegen den Kater. Von diesem Drink gibt es viele Versionen: mal mit Cointreau und Martini, mal mit Calvados und Wermut.

3 cl Cognac
3 cl Fernet Branca
2 cl Crème de menthe blanche (Pfefferminzlikör)
4 Eiswürfel

Alle Zutaten in den Shaker geben und kräftig mischen. Abseihen und ins Cocktailglas füllen.

DEVIL'S MILK

½ cl Himbeersirup
2 cl Cognac
frische Milch
frische Himbeeren
3 Eiswürfel

Im Mixglas die Eiswürfel, Sirup und Cognac mischen. Mit Milch auffüllen. Kräftig rühren und mit frischen Himbeeren dekoriert servieren.

FRENCH SHERBET

1 cl Cognac
1 cl Kirschschnaps
1 TL Zuckersirup
1 Spritzer Angostura
Champagner
Kirscheiscreme

Alle Zutaten außer Champagner und Eis in ein Collinsglas geben und verrühren. Mit Champagner auffüllen, aber nicht bis zum Rand, denn es muss noch ein Teelöffel cremiges Eis hinein.

FRENCH GREEN DRAGON

4,5 cl Cognac
4,5 cl grüner Chartreuse
Eiswürfel

Alle Zutaten in den Shaker geben und kräftig mischen. Abseihen und ins Cocktailglas füllen.

JAPANESE COCKTAIL

6 cl Cognac
1 TL Mandelextrakt
1 Spritzer Angostura
1 TL Zitronensaft
etwas Zitronenschale
zerstoßenes Eis

Alle Zutaten außer der Zitronenschale in den Shaker geben und kräftig mischen und ins Cocktailglas abseihen, mit Zitronenschale dekorieren.

MINT-JULEP AU COGNAC

Dies ist eigentlich ein Cocktail aus den amerikanischen Südstaaten. Und dort wird er natürlich mit Bourbon gemixt. Das Rezept funktioniert aber auch mit Cognac – auch wenn der bloße Gedanke daran Cognacpuristen vielleicht erschauern lässt.

4 frische Minzezweige
6 cl Cognac
Sodawasser (Mineralwasser mit Kohlensäure)
1 TL Zucker
zerstoßenes Eis
Puderzucker

Von zwei Minzezweigen die Blätter entfernen. Die Blätter in einem Barglas mit Zucker mischen, Cognac und Wasser hinzugeben. Rühren, bis sich der Zucker löst. Das zerstoßene Eis hinzugeben und mit dem Barlöffel durchrühren. Die anderen Minzezweige abspülen, in Puderzucker wenden, Stielenden abschneiden und als Dekoration ins Glas tauchen.

Zuweilen werden drei Schuss Angostura oder etwas Rum hinzugefügt.

OLYMPIC

Eigentlich wird dieser Cocktail mit Brandy angerührt. Mit Cognac schmeckt er natürlich ebenfalls.

2 cl Cognac
2 cl frischer Orangensaft
2 cl Curaçao

Alle Zutaten in den Shaker geben und kräftig mischen. Ins Cocktailglas seihen.

POUSSE CAFÉ

In Frankreich ist der Pousse Café einfach ein alkoholreicher Absacker. In der amerikanischen Bartradition ist er ein süßer Drink in verschiedenen Lagen, ein Spiel mit dem spezifischen Gewicht jedes Likörs. Viele Barkeeper verwenden heute Lebensmittelchemie, um solche Drinks zu stabilisieren. Doch Könner schaffen es auch ohne, halten das Glas ruhig und lassen die Liköre über einen Löffel ins Glas fließen. Von jedem Likör wird dieselbe Menge, traditionell eine halbe Unze, benötigt:

Grenadine
braune Crème de Cacao
Maraschino
orangener Curaçao
grüne Crème de menthe (Pfefferminzlikör)
Parfait Amour (französischer Likör)
Cognac

Oder alternativ:

Grenadine
gelber Chartreuse
Crème de Cassis
weißer Crème de Cacao
grüner Chartreuse
Cognac

Cognac im Glas

Der BNIC, der Zentralverband der Cognachersteller, sowie verschiedene Cognachäuser promoten seit einigen Jahren den Brand aus der Charente als ideales Cocktailgetränk. Seit 2005 findet im Sommer in der Region Poitou-Charentes die »Semaine du Cognac«, die Cognacwoche, statt. Gut 300 Restaurants, Bars und Weinhändler bieten Cognacgerichte oder Cognacverkostungen an. Während der Cognacwoche 2008 arbeiteten 17 Barkeeper (die sich neuerdings gern »Mixologisten« nennen) aus Frankreich, den USA, Deutschland, Großbritannien und der Slowakei vier Tage lang zusammen. Ziel der Konferenz war – natürlich – die Kreation des ultimativen Cognaccocktails. Der sollte einfach zuzubereiten sein, fotogen geraten und Zutaten enthalten, die überall auf dem Planeten erhältlich sind. Und, sicher, schmecken sollte er auch. Nach vier Tagen Arbeit stellten die Mixologen also ein Getränk mit 4 Scheiben Ingwer, 1 Limonenspalte, 4 cl V.S.O.P.-Cognac sowie 6 cl Limonade (»am besten hausgemacht«) und ein wenig fein geschnittener Gurkenschale vor. Limone und Ingwer in ein Tumblerglas legen, 2 cl Cognac daraufgießen, Eis zufügen, bis die Hälfte des Glases bedeckt ist. Umrühren. Den Rest des Cognacs ebenso wie die Limonade und die gut gesäuberte Gurkenschale hinzufügen. Voilà, fertig ist »The summit«, sozusagen der Gipfel der Genüsse. Ob in den nachfolgenden Jahren wieder ein absoluter Cognacdrink kreiert werden soll, war bei Redaktionsschluss noch unbekannt.

Die Mixer des »Summit« sind:

Aus Frankreich: Ugo Frabetti *(Fouquet's, Paris)*, Loïc Geslin *(Régina, Paris)*, Hedi Mesme *(Byblos, Saint-Tropez)*, Stephen Martin *(Hilton Arc de triomphe, Paris)*, Aurélie Panhelleux *(Hilton Arc de triomphe, Paris)*.

Aus den USA: Jacques Bezuidenhout *(San Francisco)*, Dale DeGroff *(cofondateur du Museum of the American Cocktail)*, Audrey Saunders *(Eignerin des Pegu Club in New York)*, Brian Van Flandern *(Hôtel Carlisle, New York)*, David Wondrich *(Fachautor)* und Paul Pacult *(Journalist)*.

Aus Deutschland: Uwe Christiansen *(Besitzer von zwei Bars in Hamburg)*, Gonçalo de Sousa Monteiro *(Lion Bar, Hamburg)*, Stefan Gabanyi *(Schumann's Bar, München)* und Markus Heinze *(Sonderbar, Dresden)*.

Aus Großbritannien: Salim Khoury *(Savoy Hotel, London)*, Paul Martin *(Autor)*, Charles Vexenat *(Lonsdale, London)* und Simon Difford *(Autor des »Difford's Guide«)*.

Und aus der Slowakei: Stanislas Vadrna *(Redmonkeygroup, Bratislava)*.

PRINCE CHARLES

6 cl Cognac
4 cl Drambhuie
4 cl Zitronensaft
3 Eiswürfel

Die Eiswürfel in den Shaker geben. Alle Zutaten, außer der Zitronenschale, in den Shaker geben und kräftig mischen. Ins Cocktailglas seihen.

ROLLS ROYCE

3 cl Cognac
3 cl Cointreau
6 cl Orangensaft
1 Eiweiß
Eiswürfel

Alle Zutaten in den Shaker geben und kräftig mischen. In eine Cocktailschale abseihen.

SIDE CAR

Ein Klassiker. Angeblich ist der Drink in Harry's Bar in Paris berühmt geworden. Und wiederum angeblich soll der Erfinder in der Stadt an der Seine im Beiwagen (Side car) von Bar zu Bistro unterwegs gewesen sein.

8 cl Cognac
1 cl Cointreau
2 cl Zitronensaft
Zitronenschale
zerstoßenes Eis

Alle Zutaten außer der Zitronenschale in den Shaker geben und mit viel zerstoßenem Eis kräftig mischen. Ins Cocktailglas seihen. Mit Zitronenschale dekorieren.

SOUR

2 cl Cognac
1 cl Limettensaft
1 Schuss Rohrzuckersirup
1 Kirsche

Alle Zutaten außer der Kirsche in den Shaker geben und kräftig mischen. Ins Cocktailglas seihen. Mit der Kirsche dekorieren.

KOCHEN MIT COGNAC

In der klassischen Küche geht es nicht ohne. Mit Cognac wird gewürzt, flambiert, mariniert und eingelegt.

Und natürlich trinken die Feinschmecker Cognac auch zum Essen: Er passt zu einem würzigen Soufflé vom Fourme-d'Ambert-Käse genauso wie zu kräftig gewürzten Geflügelgerichten. Zu Hochform läuft der Cognac allerdings mit Desserts auf. Zu Schokoladen, Lebkuchen oder hausgemachten Brownies schmeckt der hochprozentige Gaumenschmeichler hervorragend.

Das Flambieren

Viele Cognacrezepte beruhen auf Flambieren. Dazu braucht man eine Flambierpfanne und einen Cognac mit mehr als 40 Volumenprozent. Schwächere Cognacs entzünden sich nicht. Stärkere entzünden sich hingegen umso leichter.

Das Gericht kann leicht mit Cognac begossen werden. Den restlichen Cognac in einer Flambierpfanne erhitzen. Im Restaurant gibt es dafür extra einen Rechaud. Den erhitzten Alkohol über das Gericht gießen und sofort anzünden.

Damit das Flambieren gelingt, muss auch das Gericht heiß sein. Im Restaurant wird es oft ebenfalls auf einem Rechaud warm gehalten.

Möglich ist es auch, den Cognac in einem Schöpflöffel zu wärmen und mit einem Kaminstreichholz anzuzünden. So wird der Cognac bereits brennend über das Gericht gegossen.

Ganz wichtig für den Genuss: Der Cognac muss vollständig ausbrennen. Nie die Flammen auspusten oder löschen. Sonst schmeckt der Rest von unverbranntem Alkohol zu intensiv.

Saucen

Saucen sind die Quintessenz der feinen Küche. Ob klassische Cocktailsauce oder Sauce Périgueux, mit gutem Cognac verfeinert erfreuen sie jeden Gourmet.

COCKTAILSAUCE *Die einfache Cocktailsauce frischt Gambas, Geflügel oder kalte Krustentiere auf.* | *8 Personen*

Alle Zutaten in einer Schüssel gründlich vermischen. Für Meeresfrüchte kann auch ein Spritzer Zitronensaft in die Cocktailsauce gegeben werden. Kühl aufbewahren.

ZUTATEN:
ca. 150 g Mayonnaise
1 Prise Paprika oder ein Spritzer Tabasco
1 EL Ketchup oder Tomatenmark
1 EL Cognac

HUMMERSAUCE *nach einem Rezept von Alain Chapel* | *8 Personen*

Hummer öffnen, Corail (die Eier) zum Binden beiseitestellen. Hummer und Scheren in Olivenöl in einem Topf anbraten.

Gemüse in Scheiben schneiden und in den Topf geben. Gehackte Tomate hinzugeben. Cognac, Weißwein, Fischfumet und Wasser hinzugeben. Aufkochen, den Schaum regelmäßig abschöpfen, salzen, Taschenkrebs und Algen hinzufügen.

Nach etwa 25 Minuten Garzeit Corail und Butter und Mehl hinzugeben. Weitere 25 Minuten garen lassen.

Durch ein Spitzsieb geben, um ein Drittel reduzieren, gegebenenfalls entfetten.

Alain Chapel servierte diese Sauce unter anderem zu Seewolf und Rotbarben mit Gemüse.

ZUTATEN:
1 kleiner weiblicher Hummer (300 g)
3 EL Olivenöl
3 Knoblauchzehen
50 g Karotten
20 g Zwiebeln
25 g Lauch
30 g Sellerie
20 g Schalotten
35 g gehackte Tomaten
1 cl Cognac
1 l Weißwein
¼ l Fischfumet
¾ l Wasser
1 Taschenkrebs (400 g)
70 g Algen
15 g Butter
15 g Reismehl
10 g Mehl
20 g Meersalz

ZUTATEN:
25 cl Portwein
12 cl Cognacrahm
50 g gehackte Trüffel (aus der Dose)
6 cl Trüffeljus (aus derselben Dose)
50 cl Demi-Glace (Kalbsfond)
50 g frische Butter bei Bedarf
Salz, Pfeffer

ZUTATEN:
4 Eier
30 g Butter
Sauce Périgueux
100 g schwarze Trüffeln
4 kleine Baguettes
grobes Salz

SAUCE PÉRIGUEUX *nach einem Rezept von Michel Guérard | 8 Personen*

Eine Schmorpfanne anwärmen, Port und Cognac hinzugeben und aufkochen. Auf ein Viertel reduzieren.

Gehackte Trüffel, Trüffeljus und Demi-Glace hinzufügen, salzen und pfeffern und 15 Minuten bei mittlerer Hitze köcheln lassen, evtl. mit Butter leicht binden.

Diese Sauce findet zum Beispiel in der Trüffelsuppe (siehe Seite 157) Verwendung. Sie schmeckt jedoch auch zu anderen, einfacheren Rezepte wie dem Spiegelei mit Sauce Périgueux.

SPIEGELEI MIT SAUCE PÉRIGUEUX *nach einer Idee von Alain Ducasse | 4 Personen*

Die Eier 24 Stunden mit den Trüffeln in ein hermetisch abgeschlossenes Gefäß legen.

Backofen auf 180 Grad vorheizen. Vier kleine Auflaufformen buttern, jeweils ein Ei hineinschlagen. Das Eigelb sollte sich in der Mitte befinden. Eier im Ofen im Wasserbad garen. Das Eigelb sollte nur warm, aber noch flüssig sein.

Baguette aufschneiden und von einer Seite toasten.

Eier aus der Form lösen, in große, tiefe Teller legen und die Sauce Périgueux um das Ei herum anrichten und mit Trüffelsplittern bestreuen.

Suppe

Suppen können belebend und kühl, scharf und würzig, sommerlich frisch oder winterlich deftig daherkommen. Diese schlanke Trüffelsuppe ist edle Vorspeise zu winterlicher Trüffelzeit.

SCHLANKE TRÜFFELSUPPE *Dieses Rezept von Michel Guérard ist eine Hommage an ein Rezept von Paul Bocuse.* | *2 Personen*

Kalbsbries 2 Stunden in Wasser einweichen.

Karotten, Champignons und Sellerie in sehr feine Würfelchen schneiden. In einer Kasserolle ½ Teelöffel des Olivenöls erhitzen, die Karotten dazugeben, nach 3 Minuten den Sellerie hinzugeben und nach weiteren 3 Minuten die Champignons in die Kasserolle geben.

Den Backofen auf 240 Grad vorheizen. Kalbsbries mit Salz und Pfeffer würzen. Mit 1 Teelöffel Olivenöl in der Pfanne anbraten. Die Hühnerburst dazugeben und ebenfalls anbraten. Alternativ können Kalbsbries und Hühnerbrust auch 10–12 Minuten in Geflügelfond pochiert werden.

In zwei Suppenschalen je 1 EL der Gemüsemischung, ½ Teelöffel Sauce Périgueux, ½ Teelöffel Trüffeljus, Würfel von Kalbsbries und Huhn sowie Trüffelscheiben geben. Mit Geflügelfond bedecken.

Die Saucenschale oben mit Alupapier verschließen. Bei 240 Grad etwa 10 Minuten garen. Der Aludeckel wird erst bei Tisch entfernt. Mit Thymianblüten garnieren.

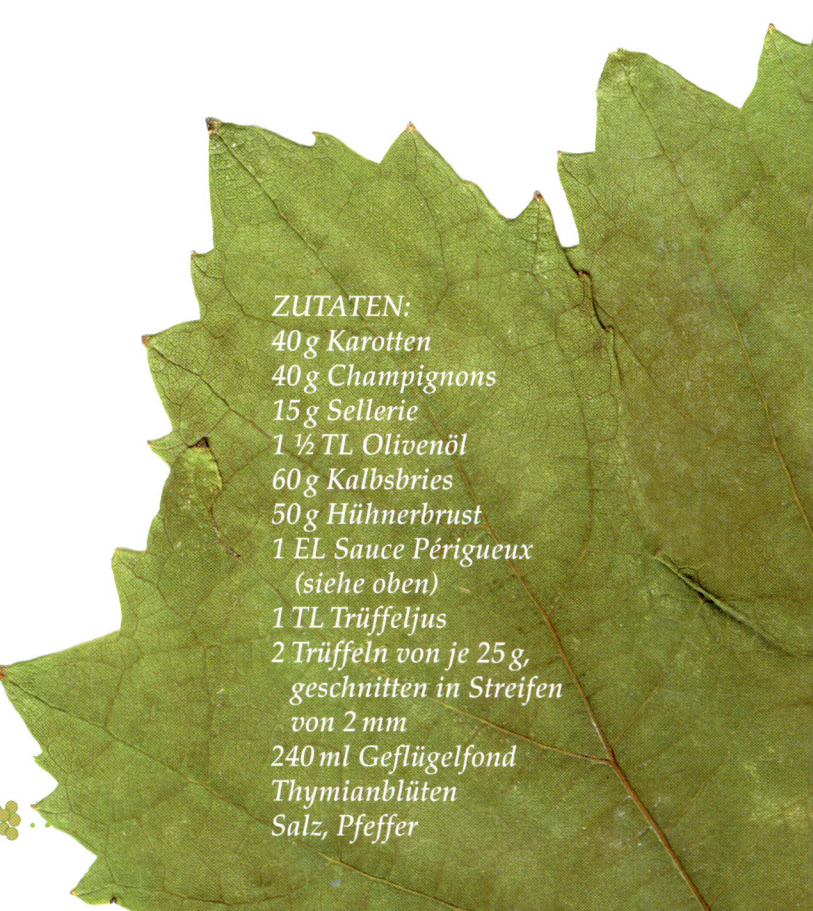

ZUTATEN:
40 g Karotten
40 g Champignons
15 g Sellerie
1 ½ TL Olivenöl
60 g Kalbsbries
50 g Hühnerbrust
1 EL Sauce Périgueux
  (siehe oben)
1 TL Trüffeljus
2 Trüffeln von je 25 g,
  geschnitten in Streifen
  von 2 mm
240 ml Geflügelfond
Thymianblüten
Salz, Pfeffer

Krustentiere

Fantastische Gerichte mit Krustentieren lassen sich mit einigen guten Grundzutaten und natürlich mit frischem Meeresgetier schnell und unkompliziert zubereiten. Ein Schluck Cognac tut dabei sein Übriges.

Sollten Sie frischen, das heißt lebenden Hummer kaufen, was geschmacklich auf jeden Fall zu empfehlen ist, achten Sie darauf, dass er sich lebhaft bewegt und der Schwanz gekrümmt ist. Jedes Tier muss einzeln gekocht werden, damit ein schneller Tod gewährleistet ist. Den Hummer am Rücken festhalten und im kalten Wasser gründlich bürsten. Kopf und Schwanz bridieren, sodass der ganze Hummer und der Schwanz gespannt bleiben. Die Gummiringe, mit denen die Scheren zusammengehalten werden, entfernen. Das Wasser zum Kochen bringen. Damit der Hummer möglichst schnell und schonend getötet wird, wird er mit dem Kopf zuerst in das kochende Wasser gedrückt. Noch einmal kurz wallend aufkochen lassen und dann 8–10 Minuten gar ziehen lassen (nicht mehr kochen). Der Panzer des Hummers verfärbt sich außen rot.

HUMMER À L'AMÉRICAINE | *für 2 Personen*

Schalotten schälen und würfeln. Hummerschwanz inklusive Krustenpanzer in 5–6 Scheiben teilen. Die »Tasche« aus dem Kopfteil des Hummers entfernen. Scheren aufbrechen. Tomaten schälen und entkernen, Knoblauch zerdrücken.

Schalotten mit je der Hälfte des Öls und der Butter in einer Pfanne bei geringer Hitze anbraten. Hummerteile inklusive Kopf und Scheren anbraten und die Hitze leicht erhöhen. Mit Cognac flambieren. Den Cognac dazu in einem Servierpfännchen zuvor erhitzen und dann erst anzünden.

Sobald die Flamme erlischt, Weißwein, Tomaten, Knoblauch und Cayennepfeffer hinzugeben. Bei geringer Hitze etwa 10 Minuten garen. Dabei ein oder zwei Mal umrühren. Nach spätestens 10 Minuten den Hummer herausnehmen und warm halten. Sauce weiter reduzieren. Mit Hummercorail oder Butter binden. Mit dem Schneebesen durchrühren und Petersilie hinzugeben. Die Sauce über den Hummer geben. Warm servieren.

ZUTATEN:
2 Schalotten
2 ganze Hummer
(Weibchen, ca. 800 Gramm)
2 Tomaten
1 Knoblauchzehe
2 EL Erdnussöl
2 TL Butter
2 cl Cognac
120 ml Weißwein
1 TL Petersilie, gehackt
Salz, Pfeffer, Cayennepfeffer

SOUFFLÉ VON FLUSSKREBSEN MIT SAUCE MOUSSELINE *nach einem Rezept von Alain Chapel* | *5 Personen*

10 Krebse für die Garnitur beiseitelegen. Restliche Krebse auslösen, davon 20 weitere beiseitelegen. (Aus den Panzern lässt sich Krebsbutter zubereiten.)

Schalotte in Scheiben schneiden, Sellerie und Knoblauch fein würfeln. 20 der ausgelösten Krebse in Butter braten. Sellerie- und Knoblauchwürfel dazugeben und anbraten. Mit Cognac und Weißwein deglacieren. Tomaten schälen, entkernen und ebenfalls würfeln, zu den Krebsen geben und 5–6 Minuten bei geschlossenem Deckel garen lassen.

Aus Butter und Mehl eine Mehlschwitze anrühren, etwas bräunen lassen. Milch hinzufügen. Aufkochen, von der Herdplatte nehmen und mit 1 Eigelb zu einer Sauce hollandaise binden.

Die Krebsmasse durch ein Spitzsieb filtern. Die gegarten Krebse im Mixer pürieren und mit ein wenig Sauce hollandaise und der Krebsbrühe binden. Das Eigelb hinzugeben und sanft durchrühren.

Den Backofen auf 180–200 Grad vorheizen. Souffléförmchen einbuttern. Krebsmasse und die restlichen ausgelösten Krebse hinzugeben, es dürfen keine Hohlräume entstehen.

Im heißen Ofen 10–12 Minuten garen. Die restliche Sauce hollandaise mit Sahne und Zitronensaft zu einer Sauce mousseline abschmecken. Die Soufflés mit der Sauce mousseline und den restlichen Flusskrebsen servieren.

ZUTATEN:
FLUSSKREBSE
- *50 Flusskrebse*
- *1 Schalotte*
- *20 g Sellerie*
- *2 Knoblauchzehen*
- *1 Tomate*
- *2 Petersilienzweige*
- *50 g Butter*
- *5 cl Cognac*
- *200 ml Weißwein*
- *½ l Fischfumet*
- *5–6 Eiweiß*

SOUFFLÉ
- *25 g Butter*
- *25 g Mehl*
- *¼ l Milch*
- *2 Eigelb*
- *1 EL Sahne*
- *1 EL Zitronensaft*
- *Salz, Pfeffer, Cayennepfeffer*

Fleisch

Rot- und Weißwein, Madeira und Cognac sind klassische Würzstoffe für saftig-zartes Fleisch. Viel mehr braucht es nicht, um ein Huhn oder ein Stück Rindfleisch vor Geschmack nur so strotzen zu lassen.

BRESSE-HUHN IN DER SCHWEINSBLASE MIT SAUCE ALBUFÉRA UND GEMÜSEN
Ein großer Klassiker der französischen Küche, nach einem Rezept von Alain Chapel aus Mionnay | *4 Personen*

ZUTATEN:
50 g Trüffel
1 Bresse-Huhn ca. 1,6 kg
2 Geflügellebern
2 Schweinsblasen
100 ml Madeira
100 ml Trüffeljus oder Geflügelfond
5 cl Cognac
2 Sellerie
15 kleine, junge Karotten
8 kleine, weiße Rübchen
8 sehr kleine Lauchstangen
1 Handvoll grüne Bohnen
1 Liter Gemüsefond
40 g Butter
grobes Salz, Pfeffer

SAUCE ALBUFÉRA
½ l Geflügelfond
100 ml Trüffeljus
½ l Sahne
30 g Foie Gras (durch ein Sieb gepresst)
20 g Butter
Madeira

HUHN
Am Vortag: Trüffel in 8 Scheiben schneiden. Unter die Haut des Brustfleisches 4 Scheiben geben. Leber und Trüffelreste hacken, salzen, pfeffern und anbraten. Diese Mischung in das Huhn füllen, zunähen und im feuchten Leintuch 24 Stunden im Kühlschrank ruhen lassen.

Schweinsblase in Wasser einlegen. Eine Stunde später das Huhn mit dem groben Salz, Madeira, Trüffeljus und Cognac in die Schweinsblase geben. Die Luft aus der Schweinsblase entweichen lassen. Die Öffnung mit einem Faden umwickeln und verschließen. (Die Schweinsblase ist sehr empfindlich, der Koch empfiehlt daher, eine weitere in Reserve zu haben.) Das Huhn in der Schweinsblase 70 Minuten in köchelndem Wasser garen.

Die Gemüse im Fond mit etwas Wasser und Butter garen. Grüne Bohnen separat in Salzwasser garen.

SAUCE
Fond und Trüffeljus reduzieren. Sahne dazugeben und erneut reduzieren. Mit Foie Gras binden und durch ein Spitzsieb geben. Butter hinzufügen und mit Madeira abschmecken.

ANRICHTEN
Huhn portionieren und in Suppentellern anrichten. Die Sauce in der Sauciere dazu reichen.

ZUTATEN:
1 Bresse-Huhn (ca. 3 kg schwer)
2 Karotten
1 Zwiebel
2 Thymianzweige
½ Lorbeerblatt
Pfefferkörner
2 l Rotwein
5 cl Cognac
3 Knoblauchzehen
3 EL Erdnussöl
Salz, Pfeffer

ANRICHTEN:
250 g Speckstreifen
250 g Champignonstreifen
100 g Zwiebelwürfel
20 ml Öl
30 g Butter

COQ AU VIN | *8 Personen*

Huhn in Stücke schneiden. Karotten und Zwiebeln schälen und in feine Scheiben schneiden und mit dem Huhn, Thymian, Lorbeerblatt und einigen Pfefferkörnern in eine Schüssel geben. Den Rotwein zugießen. Eine Nacht im Kühlschrank ziehen lassen.

Marinade durch ein Sieb geben. Hühnerfleisch abtrocknen und in einer Pfanne braun anbraten. Mit Cognac flambieren. Den Cognac dazu in einem Servierpfännchen zuvor erhitzen und dann erst anzünden. Eventuell zuerst die Hälfte des Cognacs verwenden, damit die Flamme nicht zu hoch schlägt. Sind die Flammen erloschen, die Marinade dazugießen. Kurz aufkochen und 45 Minuten bis 2 Stunden garen.

Die Garzeit hängt von Alter und damit von der »Zähigkeit« des Huhnes ab. Haben sie ein großes Huhn verwendet, geht es schneller.

Speck, Champignon sowie Zwiebel separat anbraten und 5 Minuten vor Ende der Garzeit dem Coq au Vin zufügen.

ZUTATEN:
800 g Rinderschmorbraten
40 ml Öl
100 g Zwiebelwürfel
100 g Karottenwürfel
50 ml Cognac
400 ml Rotwein
400 ml Kalbsfond
1 Knoblauchzehe, gehackt
1 Bouquet garni (Thymian, Petersilie, Rosmarin, Lorbeer)
125 g Speck in Streifen
10 ml Öl
125 g Champignonstreifen
125 g Zwiebeln
10 g Butter
10 g Zucker

BŒUF BOURGUIGNON *Ein französischer Klassiker* | *4 Personen*

Ofen auf 200 Grad vorheizen. Den Schmorbraten von Haut und Fett befreien. In Streifen schneiden. Öl im Schmortopf erhitzen und das Fleisch bei großer Hitze kräftig anbraten. Karotten und Zwiebeln hinzufügen. Cognac, Rotwein, Kalbsfond, Knoblauch und Bouquet garni hinzugeben. Salzen, pfeffern und circa 2 ½ Stunden garen. Die genaue Garzeit hängt von der Qualität des Fleisches ab.

Speck blanchieren und abtropfen lassen. Mit etwas Öl und den Champignons anbraten und beiseitestellen. Zwiebeln mit Butter und Zucker braun braten.

Das Fleisch aus dem Schmortopf nehmen. Sauce entfetten. Konsistenz und Würze prüfen, gegebenenfalls nachwürzen oder reduzieren. Durch ein Spitzsieb auf das Fleisch geben. Die Garnitur hinzugeben und servieren.

SCHWEINEFILET MIT SAUERKRAUT |
4 Personen

Schalotten schälen und in Scheiben schneiden. Wacholderbeeren zerdrücken.

Sauerkraut bei geringer Hitze anwärmen und ein halbes Glas Weißwein dazugeben.

Bei starker Hitze die Filets anbraten. Das Fleisch aus der Pfanne nehmen und warm halten.

In derselben Pfanne Schalotten mit Wacholderbeeren anschwitzen. Mit Cognac flambieren. Den restlichen Weißwein dazugeben und 5 Minuten köcheln lassen. Crème fraîche hinzugeben, erneut 5 Minuten garen. Zum Schluss fein geschnittenen Schnittlauch unterrühren.

Filet in Scheiben schneiden und mit der Schalotten-Wacholder-Sauce begießen. Sauerkraut dazu servieren.

ZUTATEN:
3 Schalotten
7 Wacholderbeeren
700 g gekochtes Sauerkraut
1 Glas Weißwein (Riesling)
2 Schweinefilets
4 cl Cognac
100 g Crème fraîche
1 Bund Schnittlauch

Dessert

Zum Abschluss ein lockerleichtes luftiges Dessert? Auch dazu passt ein Cognac!

COGNACSOUFFLÉ | *6 Personen*

Eier trennen. Eigelb, 125 Gramm Zucker, Mehl und Weizenstärke zu einer Creme mischen. Milch aufkochen und auf die Mischung geben. Erhitzen und beim Aufkochen ständig rühren. Abkühlen lassen. Die Hälfte des Cognacs zur Creme geben und mischen. Eiweiß zu Eischnee aufschlagen, mit dem restlichen Zucker vermischen und unter die Creme heben.

Backofen auf 200 Grad vorheizen. Souffléformen buttern. Etwas Cognac in jedes Förmchen geben und zur Hälfte mit der Mischung füllen, glatt streichen und im Ofen etwa 15 Minuten garen.

Das Soufflé kann bei Tisch mit Cognac flambiert werden oder mit Puderzucker bestäubt serviert werden.

ZUTATEN:
6 sehr frische Eier
300 g Zucker
30 g Mehl
20 g Weizenstärke
Milch
10 cl Cognac

ORTE FÜR DEN PERFEKTEN COGNACGENUSS

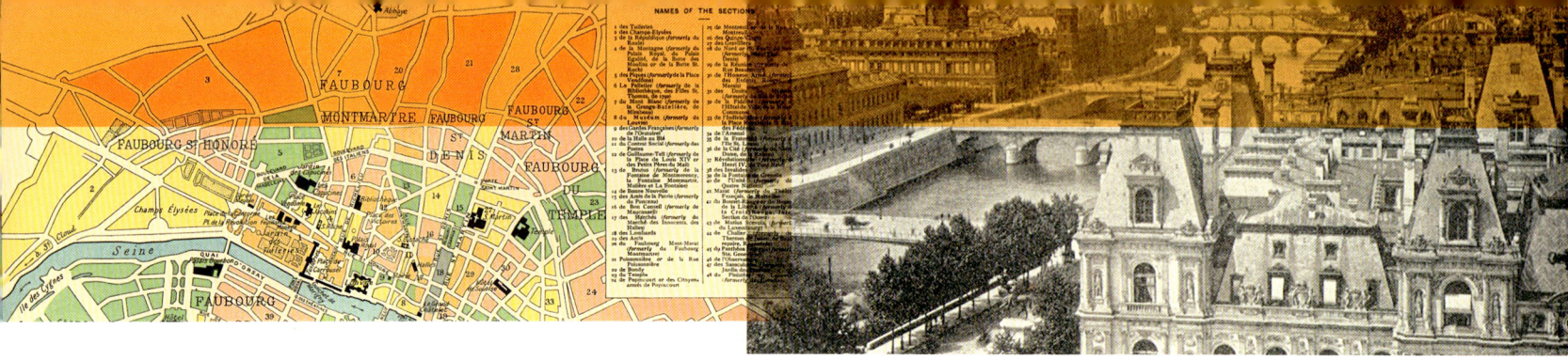

SHOPPING IN »LA COGNATHÈQUE«

In dem legendären Cognacladen lockt eine riesige Auswahl mit gut 400 Cognacs und 50 Pineaux de Charentes. Es gibt so ziemlich alles, was das Cognacherz begehrt: vom Jahrgangscognac von Frapin bis zu Raritäten wie dem »Paradis« von Ragnaud-Sabourin mit zehn Prozent Cognacs aus den Zeiten vor der Reblauskrise.

Auch seltene Jahrgangscognacs sind im Angebot: Godet 1900, Lafragette 1906, Pierre Ferrand 1914, Navarre 1925, La Gabarre 1944, Hine 1957 und vieles andere mehr.

        10, Place Jean Monnet
        16100 Cognac
        Tel.: 0033 (0) 5 45 82 43 31
        Fax: 0033 (0) 5 45 82 53 97
        info@cognatheque.com
        www.cognatheque.com

HOTEL »CHÂTEAU DE L'YEUSE«

Direkt am Ortsausgang und problemlos aus der Innenstadt für zehn Euro mit dem Taxi zu erreichen, liegt das Château de l'Yeuse. Ein Schlösschen aus dem 19. Jahrhundert, komplett mit Turm, rosa-weiß quer gestreiften Mauern, zwei Hektar Park und Garten, einer idyllischen Sommerterrasse und Königsblick auf die Charente. Stadt und Cognacdestillen scheinen weit weg, man wohnt zentral und doch auf dem Land, in romantischen Zimmern mit Pastellfarben und Blütenstoffen. Aussicht und Lage sind einfach idyllisch, Sauna, Hamam und Jacuzzi helfen beim Entspannen. In der hauseigenen Cognacbibliothek warten über 180 verschiedene Bouteillen von A. de Fussigny über Camus und Frapin bis Ragnaud-Sabourin zwischen Edelholz. Kein Wunder, dass Hersteller und Händler das Haus zu ihrem inoffiziellen Treffpunkt ernannt haben und hier wichtige Gäste einmieten.

        Château de l'Yeuse
        65, rue de Bellevue
        16100 Châteaubernard-Cognac
        Tel.: 0033 (0) 5 45 36 82 60
        Fax: 0033 (0) 5 45 35 06 32
        reservations.yeuse@wanadoo.fr
        www.yeuse.fr

HOTEL »DOMAINE DE L'ECHASSIER«

Wie das Château de l'Yeuse liegt das Echassier leicht außerhalb: eine schmucke Villa mit Schwimmbad und 22 modernen Zimmern zu vernünftigen Preisen. Wichtig für heiße Sommer: Nur acht der Zimmer verfügen über eine Klimaanlage. Ein Hektar Park säumt das Haus. Im Restaurant werden Gerichte wie »Steinbutt auf Pineau mit Steinpilzpfanne« serviert. Und natürlich gibt es eine riesige Cognackarte.

Domaine de l'Echassier
72, rue Bellevue
F-16100 Châteaubernard
Tel.: 0033 (0) 5 45 35 01 09
Fax: 0033 (0) 5 45 32 22 43
www.echassier.com

»HÔTEL DES FRANCS GARÇONS«

Ein Bau aus dem 13. Jahrhundert in einem mittelalterlichen Dorf zwischen Saintes und Angoulême, ein kleines Hotel mit nur sieben Zimmern. Öffnet man die Tür, ändert sich die Atmosphäre: Der Empfangssalon ist mit »Wood« von Cole & Son tapeziert und wirkt trotz der poppigen Sessel des Italieners Rossi wie eine Waldlichtung. Der Frühstücksraum aus rustikalem Stein ist mit italienischen Arperstühlen und Tischen lokaler Handwerkskünstler ausgestattet. In der Bibliothek warten Dutzende Architekturbände vor einem Kamin. Schwimmbad und Terrasse wirken ein wenig wie auf einem Kreuzfahrtschiff und bieten Aussicht auf ein Kirchlein des 12. Jahrhunderts. Das »Hotel der ehrlichen Jungs« in der gleichnamigen Straße ist ein echtes Designhotel, wie man es sonst vielleicht aus Paris, London und New York kennt. Und tatsächlich wurde das Haus von sieben »ehrlichen Jungs«, allesamt Architekten, gestaltet, die ihr jeweiliges Zimmer mit ihrem Vornamen benannten: Inhaber Hervé Audinet ist dabei, aber auch Douglas Gibbins vom Royal Institute of British Architects und die amerikanischen Architekturprofessoren John Casbarian, Danny Samuels sowie der inzwischen verstorbene Bob Timme. Seine Tochter hat die geräumige Suite »Bob« fertiggestellt. Natürlich ist jedes Zimmer individuell nach den Wünschen seiner »Paten« gestaltet. Besonders schön ist, dass die sieben Architekten keinen kühlen Designpalast errichtet haben, sondern ein Gasthaus, in dem sie selbst gerne wohnen.

Hôtel des Francs Garçons
1, rue des Francs Garçons
17610 Saint-Sauvant
Tel.: 0033 (0) 5 46 90 33 93
contact@francsgarcons.com
www.francsgarcons.com

HOTEL UND RESTAURANT »HÔTEL DE BORDEAUX«

Rund 95 Kilometer nördlich von Bordeaux, links von der Autobahn, liegt Pons, eines dieser typischen verschlafenen Nester des französischen Südwestens, mit engen Gassen und grauen bis lehmbraunen Häusern, das von Touristen höchstens dann besucht wird, wenn an der nahe gelegenen Atlantikküste die Zimmer knapp werden. Trotzdem darf man Pons auf dem Weg nach Süden nicht links liegen lassen, denn hier wird gut gekocht. Bruno Foucher gehört zu den Kochtalenten der Region Charente und verwöhnt seine Gäste zu Preisen, die anderswo undenkbar sind. Für vergleichbare Qualität zahlt man in Paris oder an der Côte d'Azur mindestens das Doppelte: Schmackhafte Störcannelloni mit Blumenkohlcreme, danach herrlicher, kräftig gewürzter Drachenkopf mit Anchovis und Piment, gegrillt auf der spanischen Plancha, oder Taube mit Pilzragout. Zum Dessert vielleicht ein Kokosnuss-Soufflé mit Mangocoulis? Auch sonst stimmt im Hôtel de Bordeaux schon fast alles. Der Speisesaal ist noch etwas bescheiden, aber hübsch unverkitscht eingerichtet, der kleine Innenhof mit Pflanzen bewachsenen Mauern und einem kleinen Zitronenbäumchen scheint wie geschaffen für lauschige Dîners, der Service ist freundlich und flink. Zum Digestif gibt es Cognacs von Château de Beaulon bis Ragnaud-Sabourin. Dank der deutschen Besitzerin Cornelia Müller kommt es hier nicht zu Sprachproblemen. Gepflegte Zimmer im Haus.

Hôtel de Bordeaux
1, Avenue Gambetta
17800 Pons
Tel.: 0033 (0) 5 46 91 31 12
www.hotel-de-Bordeaux.com

RESTAURANT »LA RIBAUDIÈRE«

Wenn die Repräsentanten der großen Cognachäuser ein ordentliches Geschäft abgeschlossen haben, dann zieht es sie hierhin, ins Landhaus von Thierry Verrat am Ufer der Charente. Mit Blick auf den Fluss, umgeben von modernen Skulpturen, spannen sie bei einem guten Glas aus. In den letzten Jahren hat das einst bürgerliche Landrestaurant modernisiert. Statt des urigen Holzschrankes mit vielen Cognacs lockt jetzt puristisches weißes Ambiente. Die Küche übertreibt es nicht mit den Experimenten: Es gibt Hummercarpaccio mit Mandelgelee, Seeohren in Algenbutter, Austernravioli mit Zuchtkaviar oder Petersfisch in der Kräuterkruste. Die Cognaclounge in Lila, Rot und Rosa könnte so auch in Paris stehen. Die Gaumenfreuden haben sich inzwischen herumgesprochen: Von Freitag bis Sonntag muss reserviert werden!

La Ribaudière
Place du Port-Bourg
16200 Bourg-Charente
Tel.: 0033 (0) 5 45 81 30 54
Fax: 0033 (0) 5 45 81 28 05
www.laribaudiere.com

RESTAURANT »LA CAGOUILLE«

Gründer Gérard Allemandou wirkte stets wie die Pariser Inkarnation des Weingottes Bacchus – auch wenn es ihm mehr der Cognac angetan hat. Seine Fischgerichte, serviert in maritimem Interieur, schwanken zwischen großartig und durchschnittlich, doch auf Standards wie Makrelen mit Sauce Tatare, frittierte Fischchen, Kabeljau in Knoblauchcreme oder einseitig gebratenes Lachssteak kann man sich verlassen.

Der Cognackeller gleicht einem flüssigen Lexikon: A. E. Dor, Camus, Boutinet, Martell, Marcel Ragnaud, Otard, Rémy Martin, Hennessy, Chainier, Navarre, Dubois Galant, Hine, Gourmel, Audry, Moyet, Frapin, Croizet, Merlin, Dubiny, Jean Fillioux, Château de Beaulon, Charpentron, Prunier, Serplet, Voyez, Navarre, Dubiny, Lefoulon … Allemandous Sortiment ist nicht nur in der französischen Hauptstadt legendär. Nette Terrasse.

> La Cagouille
> 10/12 Place Constantin Brancusi
> 75014 Paris
> Tel.: 0033 (0) 1 43 22 09 01
> www.la-cagouille.fr

REGISTER

A

A. de Fussigny ... **99**, 172, 175
A. E. Dor ... 12, 23, **100**, 174, 177
Alambics charentaises ... 48, 90, 119, 123 f.
Alkoholgehalt ... 18, 48, 58, 132 ff.
Alter ... 49, 58 f., 66, 73 f.
Angoulême ... 26, 31 f., 40, 173, 175
Anteil der Engel ... 123, 137
AOC ... 60, 136
Appellation Contrôlée ... 60
Aprikose ... **74**, 106
Arago ... 142
Armagnac ... 18, 41, **48**, 123, 131, **132**
Aromen ... 27, 49, 69, 70, **73** ff.
Audry ... **101**, 174, 177

B

Bache Gabrielsen ... 108
Backpflaume ... 74
Balsamkraut ... 74
Baltimore Egg Nogg ... 144
Banana Biss ... 142
Barrique ... 21, 74
Bertrand ... 101
Between the Sheets ... 143
Beverly Hills ... 143
Bezeichnung ... 33 f., 58 ff., 85
Birne ... **74**, 106, 134
Bisquit ... 22, 25, **90**, 103
Bitterschokolade ... 74
Blanleuil ... 102
Blumig ... 74

BNIC ... 25, 83, 85, 140, 149
Bodenverhältnisse ... 32
Bœuf Bourguignon ... 164
Bois ... 23, 32 ff., 59, 85, 91, 102, 104, 106, 108, 116, 118, 126
Bomber ... 143
bonne chauffe ... 48
Bora Bora ... 143
Borderies ... 18, 32 ff., 91, 107, 116, 118
Boutinet ... **102**, 174, 177
Braastad ... 103
Brandwijn ... 18
Brandy ... 18 f., 99, 116, 122, 133, 147
Brandy Daisy ... 144
Brandy de Jerez ... 133
Bresse-Huhn ... 162
Brillet ... 103
brouillis ... 48
Brunschwig, Hieronymus ... 18
Bureau des Formes ... 21
Bureau National Interprofessionel de Cognac ... siehe auch BNIC
Busta Rhymes ... 10, 79, 81

C

Café Brûlot ... 144
Camus ... 13, 23, 84, **90**, 172, 174
Chabasse ... 104
Chainier ... **104**, 174, 177
Champagne ... 18, 23, 25, 32, **33** f., 49, 59, 60, 66, 85, 90 ff.
Champagne Cocktail ... 145
Champagne Pick-me-up ... 145

Charente ... 13, 17, 22, 24, 31 f., 39, 40, 42, 52, 58, 79, 85, 101 ff., 149, 172 ff.
Charpentron ... **105**, 174
Charts ... 10, 81
Château de l'Yeuse ... 172
Château de Montifaud ... 105
CNRS ... 49, 113
Cocktails ... 13, 25, 69, 106, 113, 115, 126, 135, **140** ff.
Cocktailsauce ... 156
Cœur ... 10, 48, 134
Cognac Horse's Neck ... 145
Cognacsoufflé ... 166
Cognacverband ... 83, 85, 140
Cointreau ... 11, 92, 94, 143, 145, 150
Colombard ... 25, 41, **42**, 105, 108, 119, 123, 132
Coq au vin ... 163
Corpse Reviver ... 145
Couprie ... 106
Courvoisier ... 10 ff., 22, 24 f., 83, **91**
Courvoisier-Rap ... 79 f.
Croizet ... 85, **106**, 174
Curry ... 74
Cuvée ... 49, 92, 112

D

Dame Jeanne ... **69**, 100, 123
Darroze ... 132
Degustation ... 73, 83, 112, 115
Delamain ... 21, 22, 25, **107**
Destilados ... 133
Destillation ... 18, 39, 47, 48, 57, 65, 133, 135

Destillation, doppelte ... 12, 19, 20, 103
Destillierkolben ... 10, 48, 102, 103, 109, 124
Destilliertechnik ... 18, 124
deux chauffes ... 48
Devil's Milk ... 146
Domaine de l'Echassier ... 172
Dubiny ... 107, 174
Duftnoten ... 74
Dupuy ... 21, **108**

E

Eau de vie ... 16, 19, 20, 22, 58, 124
Edelobstbrände ... 134
Eichenholzfass ... 19, 33, 48, 107 ff.
Engel ... 122, 123, 137
Esteve ... 108
Etikett ... 22 f., 58, 60, 66, 85, 99, 102, 124, 132
Eukalyptus ... 74

F

Farbe ... 73, 124 f., 137
Fassreife ... 33 f., 100, 134
Fassungsvermögen ... 58, 133
Feige ... 74
Ferrand, Pierre ... **122**, 172
Fête de Cognac ... 27
Fillioux, Jean ... 13, **111**, 174
Fine Champagne ... 25, 34, 60, 101, 114, 118, 119
Flambieren ... 156

Folle Blanche ... 25, **41**, 42, 92, 108, 110, 119, 123, 126, 132
Forgeron ... 109
Forschungszentrum ... 49, 113
Frapin ... 13, 17, 19, 24, 49, 66, **92**, 172, 174
French Sherbet ... 146
Fruchtig ... 74, 111, 118

G

Gautier ... 109
Geschmacksfamilien ... 74
Gewürz ... **73 f.**, 105, 107, 117, 125
Gewürznelke ... 73 f., 144
Gironde ... 31, 39, 42
Glas ... 70, 73 f.
Godet ... **110**, 172
Gourmel, Léopold ... **114**, 174
Grappa ... 90, 123, 131, **132**

H

Hardy ... 110
Hennessy ... 11 ff., 21, 23 ff., 67, 83, **93**, 94, 174
Herkunftsbezeichnung ... 59, 60
Hine ... 13, 21 f., 25, **93**, 172, 174
Holandas ... 133
Holzfässern ... s. Eichenholzfässer
Holzig ... 74
Holznoten ... 74
Hors d'âge ... 59, 101, 106, 108 f., 117, 127
Hôtel de Bordeaux ... 173
Hôtel des Francs Garçons ... 173
Hummer à l'américaine ... 160

Hummersauce ... 157
Hyazinthe ... 74, 125

I

Ingwer ... 73 f., 112, 149

J

Jahrgänge ... 12, 48, 132
Jahrgangscognac ... 12, 49, 66, 90, 100, 105 ff., 114 f., 119, 120, 172
Japanese Cocktail ... 146
Jasmin ... 74, 112
Jerez de la Frontera ... 133

K

Karamell ... **73**, 113, 118, 124
Kellermeister ... 12, 42, 48, 50, 69, 83, 100, 118
Kelt ... 13, 49, **112**
Kokosnuss ... 74
Konto ... 2, 58

L

La Cagouille ... 174
La Cognathèque ... 172
La Gabare ... 49, **113**
La Ribaudière ... 174
La Rochelle ... 17 f., 20 f., 32, 110, 122
Lafragette ... **113**, 172
Lagerung ... 19, 33, 48, **69**, 73, 105, 113, 119, 132, 134
Lakritz ... 73, 105
Leder ... 48, 50, **73 f.**, 105, 107, 111, 125, 132

Lefoulon ... *13*, **114**, *174*
Leyrat ... *115*
Lhéraud ... *115*
Limousin ... *21*
Limousineiche ... *52*, *92*, *117*, *124*
Linde ... **74**, *125*
Louis XIII. ... *11 f.*, *49*, *66*, *94*
LVMH (Louis-Vuitton-Moët-Hennessy) ... *25*, **93**

M

Malt ... *134*
Margariten ... *74*
Markencognac ... *12*, *49*
Marmelade ... *74*
Marnier ... *117*
Martell ... *20 ff.*, **94**, *174*
Menuet ... *117*
Merlin ... *13*, **117**, *174*
Meukow ... *118*
Mint-Julep au Cognac ... *147*
Montmorillonit ... *33*
Moyet ... **118**, *174*
Muskatnuss ... **74**, *120*, *142*, *144*

N

Napoléon ... *12*, *25*, *59*, *91*, *100*, *102*, *120*, *126*
Narzisse ... **74**, *112*
Navarre ... **119**, *172*, *174*

O

Oléron ... *31 ff.*
olympische Spiele ... *26*
Orangenschale ... **74**, *106*, *112*, *144*
Otard ... *21*, **119**, *174*
Oxydation ... *69*

P

Paprika ... **74**, *156*
Pasquet ... *120*
Passionsfrucht ... *74*
P Diddy ... *10*, *79*, *81*
Petunien ... *74*
Peyrat ... *120*
Peyrot ... *121*
Pfeffer ... *74*
Pfeifen ... *48*, *124*
Pfirsich ... *74*
Pflaume ... *49*, **74**, *110 f.*, *132*
Pflichtangaben ... *58*
Pineau de Charentes ... *22*, **52**, *101 f.*, *106*, *119*
Pousse Café ... *148*
Prince Charles ... *150*
Prunier ... **122**, *174*

Q

Qualitäten ... *26*, *33*, *52*, *70*, *85*, *91 f.*, *109*, *112*

R

Ragnaud ... *10*, *12*, *174*
Ragnaud-Sabourin ... *10*, *66*, **123**, *172 f.*
Rancio ... *50*, *74*, *107*, *111*, *114*, *117 f.*, *120 f.*, *125*, *127*
Rap ... *10 f.*, *79*, **81 f.**, *93 f.*, *123*
Raumtemperatur ... *69*
Raymond Ragnaud ... *126*
Ré ... *31 ff.*
Reblaus ... *22 f.*, *24 f.*, *50*, *66*, *92*, *100*, *110 f.*, *124 f.*, *172*
Rémy Martin ... *12*, *20 f.*, *25*, *66*, *83*, **94**, *174*
Renault-Bisquit ... *90*
Réserve ... *12*, *52*, *59 f.*, *100*, *103 ff.*
Rohrzuckermelasse ... *136*
Rosen ... **74**, *110*, *120*
Roullet & Fils ... *22*, **126**
Royer, Louis ... *116*
Rum ... *131*, **136**, *143 f.*, *147*

S

Safran ... **74**, *112*
Sandböden ... *34*
Sandelholz ... **74**, *112*
Sauce Périgueux ... *156*, **158**, *159*
Sauerstoff ... *69*
Schimmel ... *123*, *137*
Schweinefilet mit Sauerkraut ... *165*
Segonzac, de Pierre ... *121*
Serpentin ... *48*
Serplet ... **127**, *174*
Side Car ... *150*

Single Malt ... *134*
Solera-System ... *133*
Soufflé von Flusskrebsen mit Sauce Mousseline ... *161*
Sour ... *150*
Spanischer Brandy ... *133*
Spiegelei mit Sauce Périgueux ... *158*
Summit ... *26,* **149**

T

Tabak ... *48,* **74**, *120, 127*
Temperatur ... *32, 69, 112*
Torula compniacensis ... *123,* **137**
Tresterbrand ... *132*
Tronçaiseiche ... *124*
Trüffelsuppe, schlanke ... *159*
Tulpenglas ... *70, 73*
Tumblerglas ... **70**, *149*

U

Ugni Blanc ... *25,* **39** *ff., 107 f., 114 f., 117 ff., 123, 126, 132*
Ursprungsbezeichnung ... *33*
Ursprungsbezeichnung, kontrollierte ... *34, 60*
Ursprungsgebiete ... *12, 48*

V

V.O.P. ... *22*
V.S. ... **59**, *70*
V.S.O.P. ... *22, 25,* **58** *f., 70, 90 ff.*
V.S.O.P.-Quintett ... *83*
Vanille ... *50,* **74**, *112, 118 f., 125, 127*

Verschnitt ... *12, 48, 50, 58, 90 ff., 133 f.*
Very old pale ... *siehe auch V.O.P.*
Very Special ... *siehe auch V.S.*
very superior old pale ... *siehe auch V.S.O.P.*
Voyer ... *127*
Voyer, François ... *127*

W

Weichselkirsche ... *74*
Weinreben ... *20*
Weinsteuer ... *19*
Whisky ... *24, 83, 90, 123, 131,* **134**, *145*
Wodka ... *85, 116, 122, 131,* **135**, *143*
Würzig ... *74*

X

X.O. ... *59, 70, 113*

Z

Zedernholz ... *74*
Zimt ... **73** *f., 117, 119 f., 132, 136*
Zuckerrohrsaft ... *136*

BILDNACHWEIS

A. E. Dor, Jarnac, Frankreich
Auf den Seiten 11 Mitte, 98.

Beam Global Deutschland GmbH, Wiesbaden
Auf der Seite 132.

BNIC, Cognac Cedex, Frankreich
Auf den Seiten 20 Mitte links & 55 oben & 66 oben Mitte (© Roger Cantagrel), 72 oben links (© Jean-Yves Boyer), 176 links (© Bernhard VERRAX), 19 links & 108 links & 146 & 176 Mitte & rechts & 176/177 & 177 oben & 180 links (© Stéphane CHARBEAU).

BORCO-Marken-Import GmbH & Co. KG, Hamburg für Courvoisier SA, Jarnac, Frankreich
Auf den Seiten 10 rechts, 22 unten links, 53, 54 oben links, 61 oben, 65 oben rechts, 78, 89 Mitte & unten, 115, 150, 152, 165.

Champagne GOSSET SAS, Ay, Frankreich
Auf der Seite 118.

Cognac Cabasse, St Jean d´Angély, Frankreich
Auf den Seiten 102.

Cognac Delamain, Jarnac, Frankreich
Auf den Seiten 7, 10 links, 20 rechts, 63 rechts, 66 unten, 105.

Cognac Francois Voyer, Verrières, Frankreich
Auf der Seite 125 rechts.

Cognac Frapin, Segonzac, Frankreich
Auf den Seiten 63 links, 90 links & rechts.

Cognac Hardy, Cognac, Frankreich
Auf der Seite 108 rechts.

Cognac Leyrat, Claix, Frankreich
Auf der Seite 113.

Cognac Raymond Ragnaud, Ambleville, Frankreich
Auf den Seiten 11 links, 124 unten.

Die Basis, Wiesbaden
Alle Collagen, Illustrationen und freien Elemente sowie auf den Seiten 2, 5 oben links, 6, 9 links, 12, 13, 15 Münze & rechts, 16, 17, 18 rechts, 20 Mitte rechts, 21, 22 oben & Mitte & rechts, 23, 25, 26, 30 Karte, 32, 33 unten, 35, 42, 44 unten, 46 rechts & links, 47, 51, 54 oben Mitte, 56 Mitte & unten, 57, 58, 65 unten, 66 oben rechts, 67, 70, 74, 75, 80, 81, 82, 88, 93 Mitte rechts, 97, 99, 104, 107, 114, 126, 133 rechts, 166, 167 unten, 168 Mitte & rechts, 169, 170, 171, 172, 173, 175, 180 rechts.

Ferrand Deutschland GmbH, Iserlohn
Auf den Seiten 5 oben rechts, 24, 30 oben, 33 oben, 36 links & Mitte links, 37 links, 43 Mitte, 55 oben Mitte & unten, 56 oben, 60 oben links, 71 oben, 72 rechts, 84 links, 86, 87, 93 oben & Mitte & unten rechts, 96 oben links & Mitte, 120, 124 oben links, 127-131, 133 links, 134, 135, 167 oben.

Fotolia
Auf den Seiten 5 Mitte rechts & 38 (© Andreas Gayer), 15 Mitte links (© bobroy20), 15 Mitte Mitte (© Yvann K), 15 unten & 168 links (© Alain Miskovic), 18 links (© Martine Coquilleau), 19 rechts (© Donald Swartz), 27 (© KÜ), 28 links (© Aline Nédélec), 28 rechts (© Lianem), 31 Mitte (© david hughes), 31 rechts (© jean luc bohin), 35 (© Roberto Fasoli), 36 Mitte rechts & 96 unten (© Friday), 36 rechts (© Raymond Thill), 39 (© quayside), 40 rechts oben (© hans slegers), 40 oben & Mitte (© sunset man), 40 unten (© simonkr), 41 oben & 60 (© Maksim Esin), 41 unten (© Stéphane CHARBEAU), 44 oben & 124 oben rechts (© romaneau), 46 Mitte (© Alexandr Anastasin),

52 rechts & 54 oben rechts (© Basti), 59 oben (© jpskenn), 62 (© Peter D.), 65 oben Mitte & 68 unten rechts (© Gresei), 67 (© kmit), 68 unten links (© mweichse), 68 unten Mitte & 179 Mitte oben (© Mor Arditi), 69 unten & 119 & 123 & 138/139 (© AGphotographer), 85 Hintergrund (© Forgiss), 89 (© LianeM), 96 oben rechts (© Nicolas BEAUMONT), 100 (© Matthias Krüttgen), 101 (© Evve Degiampietro), 106 (© brunoJ), 109 unten (© bluesky6867), 116 (© Yurok Aleksandrovich), 136 (© Ruslan Kokarev), 138 links (© Aleksandar Nakic), 138 Mitte (© emmi), 179 unten (© terex), 149 (© cameraw).

Jas Hennessy et Co, Cognac, Frankreich
Auf den Seiten 60 oben rechts, 69 oben, 91 links.

Jörg Zipprick, Paris, Frankreich
Auf der Seite 73.

Kelt International SARL, Nogaro, Frankreich
Auf den Seiten 49, 93 unten links, 110.

La Gabare S.A., Chermignac, Frankreich
Auf der Seite 111.

Léopold Gourmel, Gente, Frankreich
Auf der Seite 112.

Le Studio Photographique für Cognac Otard, Cognac, Frankreich
Auf den Seiten 64 rechts, 109 oben, 117, 138 und 139.

Martell, Cognac, Frankreich
Auf den Seiten 55 unten Mitte, 60 oben Mitte, 92 links.

Photo: Carpe Diem – 17 – Saintes für Cognac Château de Montifaud, Jarnac-Champagne, Frankreich
Auf der Seite 103.

Rémy Martin, Cognac, Frankreich
Auf den Seiten 9 rechts, 11 rechts, 52 links, 64 links, 65 oben links, 92 rechts, 125 links.

SPE VIN BEATRICE COINTREAU
Auf der Seite 90 Mitte.

Thomas Hine et Co, Jarnac, Frankreich
Auf den Seiten 5 oben Mitte, 20 links, 48, 54 unten, 66 oben links, 91 rechts, 151 Hintergrund, 179, 180 Mitte.

Impressum
© 2009 Neuer Umschau Buchverlag GmbH, Neustadt an der Weinstraße

Alle Rechte der Verbreitung in deutscher Sprache, auch durch Film, Funk, Fernsehen, fotomechanische Wiedergabe, Tonträger jeder Art, auszugsweiser Nachdruck oder Einspeicherung und Rückgewinnung in Datenverarbeitungsanlagen aller Art, sind vorbehalten.

Lektorat
Ilka Grunenberg, Neustadt an der Weinstraße

Herstellung
Birgit Wucher, Neustadt an der Weinstraße

Bildredaktion
Stefanie Simon, Neustadt an der Weinstraße

Gestaltung und Satz
die Basis – Kommunikation, Ideenwerk und Design, Wiesbaden

Lithografie
RGD, Digitale Medientechnik GmbH, Langen

Druck
Druckkollektiv, Gießen

Printed in Germany
ISBN 978-3-86528-651-2

Besuchen Sie uns im Internet
www.umschau-buchverlag.de